U0038088

請問阿鎧老師

兒童職能治療師
張旭鎧 著

教養重要的不是方法，是心法

心理學作家／**海苔熊**

「根本就沒有什麼教養方法啦！這只是一個很大的市場而已，專家都在胡說八道。」有一次在錄影的時候，在後臺聽到一個來賓這樣說。老實說我還滿認同他的說法的，畢竟每個小孩都不一樣，哪會有什麼「以一擋百、一勞永逸」的方法？

不過，越是在一個「教養專家百出」的時代，我們就更需要靜下心來去想想，孩子真正要的是什麼。《請問阿鎧老師》正是一本教你思考「為什麼」（why）的書，而不是教你「該怎麼做」（how）的書。我覺得阿鎧老師這種方法更能夠直搗黃龍，找到問題的核心。如同阿鎧老師所說，教孩子的方法百百種，不可能有一個方法對所有的孩子都適用，所以當你面臨孩子的問題行為時，書裡面談到真正的心法有兩個：

1. 孩子為什麼要這麼做？

2. 孩子希望我們可以怎麼做，來回應他的這個行為？

站在孩子的立場，替他想一想，你就可以知道有些時候他的問題行為，就只是一個表象，而我們要做的就是「跳脫原本思考的框架」。這些表象的下面，可能有他的需求、渴望、擔心、害怕、不知所措等等——甚至，有時他的問題行為只是父母爭執或家庭衝突的一種「症狀展現」。

跳脫捕風捉影的陷阱

阿鎧老師也談到，有許多家長都會看一些網路文章或書籍，而變得很緊張。例如有些「多多慮」家長，可能看到孩子不專心、活蹦亂跳、無法靜下來，就懷疑是不是「過動兒」；看到孩子不善於跟陌生人講話、躲到桌子底下，就懷疑是不是有「自閉」的傾向；看到孩子玩媽媽的絲襪，就擔心他以後會不會變成變態狂……凡此種種，當然也有可能是一些症狀的前兆，但更有可能只是家長的捕風捉影。

那麼如何因應心中的緊張呢？這本書我覺得最值得激賞的一點是，阿鎧老師往往提供「一個行為的多種可能觀點」，例如說孩子「不專心」並不直接等於過動，很有可能是有其他的原因，例如當前的活動他不感興趣、他的觸覺過於敏感，所以他會分心到身體的感覺而不是眼前的功課，或指令太過冗長令孩子無法記住……我很喜歡這樣的書寫方式，一方面我們可以對於孩子的行為有更多「彈性」的推測，也不會太快就陷入任何一個病理化的標籤。

可怕的是，當你開始標籤化自己的孩子，這個標籤化本身就會影響他的行為。在教育心理學上有一個經典的現象叫做「自我驗證預言」（self-fulfilling property）。一群智商均等的孩子被平均分到兩個班，其中一個班的老師被研究人員偷偷叫去，說他們班的學生是智商特別高的一群，另外一個班的老師則是被告知，他們的學生是智商比較不好的一群。一個學期過後，第一個班級的學生，果然表現得比較好，可見得大人對孩子所抱持的信念，會不知不覺地影響孩子的行為，甚至影響他們的表現——儘管這些孩子一開始並沒有什麼問題。

幽默的觀點，解決複雜的問題

我相信來找書讀的家長，一定是很努力在孩子身上的，都希望孩子能夠表現得好、過得快樂，不過有些時候反而因為求好心切讓自己變得太過緊張。心理學的研究發現，當我們過於在乎或者焦慮的時候，注意力就會變得更為狹窄（narrow）、往往沒有辦法想到更多的可能性。而這本書的另外一個特點就是幽默風趣，用許多獨特而有趣的眼光來看待孩子的「問題行為」，你會發現，其實如果退後幾步來看，那些所謂的「問題」或許並沒有你想像中那麼嚴重。

例如，書中談到有個孩子情緒起伏很大、很難教養，除了爸媽之外，其他人要抱的時候就會大哭大鬧，朋友就開玩笑地恭喜他說：「這個孩子不會被別人偷抱走。」這一個小小的放鬆雖然沒有辦法解決問題，但或許就可以讓我們看待孩子的眼光變得不一樣。

阿鎧老師也提到，雖然自己從事這行多年，但是自己的女兒是罕見的雷特氏症。當老婆說：「你是來砸爸爸招牌的，你要趕快好起來喔。」的時候，阿鎧老師卻說：「哪有，他是來幫爸爸建立招牌的！」這一個轉念，不但讓家裡面的氣氛瞬間和緩下來，也讓我們看到阿鎧老師的獨到眼光。

具體的做法，跳脫教養的框架

除了心法之外，書中當然也提供了一些具體的做法（不過還是不離開「跳脫原本思考框架」的心法），例如有時候你可能會覺得很氣餒，教孩子做任何事情，他都唱反調，覺得孩子很難帶，怎麼辦呢？書中有一個握筆姿勢不正確的孩子，媽媽一直強迫他要能夠用正確的方式來握筆寫字，小孩都覺得很反抗、心想：「我才不要咧！」這時候不妨反過來要求孩子「一定要用錯誤的方式來握筆」，愛唱反調的孩子照樣不想要順從大人的意思，結果反而可以用正確的方式來握筆了。

這種改變框架的思考方法，也可以應用在孩子的情緒管理上面。例如，阿鎧老師認為要讓孩子不生氣的第一步，就是讓他「先」生氣，再來討論因應情緒的方法，而不是一味地壓抑他的情緒。

從認知治療的角度來看，許多大人在成長的過程當中，培養了所謂的

「應該」或者是「必須」的內在規則，並且把這些規則不知不覺地應用在孩子身上，卻不曉得這些是不是孩子真正需要的。

例如書裡面談到有些媽媽可能因為要趕著去做其他的家事，所以希望孩子能夠「乖乖聽完她講故事」，當孩子中途插嘴、或者是天馬行空地問「那大野狼長什麼樣子」的時候，媽媽可能就會覺得很氣餒、想翻白眼，因為延遲了「講故事」的進度，並一邊抱怨為什麼自己的孩子不能夠「專心聽完故事」。如果我們仔細一想，這裡其實藏了一個「應該」的規則——沒有人規定故事一定要說完，實際上也可以在孩子打斷的時候，讓他畫下大野狼或者是白雪公主在他腦袋裡面想像的樣子，反而可以激發他的創造力。

書中還談到許多具體的方法，包括孩子磨牙怎麼辦、因應觸覺高敏感、稱讚努力而不是稱讚天賦、W＋B稱讚法等等，看起來好像很多元，但實際上仍然是圍繞著一開始阿鎧老師所說的那個心法：想想孩子要什麼？孩子需要我們怎麼協助他？

或許，教養真的沒有一個「一定有效」的方法，我們也不可能總是很有耐心地、溫柔地陪伴孩子，但如果我們在孩子成長的過程當中，給自己多一點放鬆，那麼親子關係也可以增添更多的輕鬆。

這本書，將開啟你「看待孩子行為」的另外一個眼界！

一切的開始都是「愛」！因為「愛」，我們一起學習教孩子！

新北市職能治療師公會第三屆理事長
陽光天使職能治療兒童發展關懷協會創會理事長／呂忠益

阿鎧老師是我敬重的學長，也是我的恩人！是超級棒的職能治療師！

我記得十五年前，剛回臺北執業的我，空有衝勁與熱忱，不知道如何開始的時候，我遇見了阿鎧老師，發現阿鎧老師超級愛孩子，孩子們也都好喜歡他！

阿鎧老師總是無私地分享，告訴我要如何觀察孩子、引導孩子的行為，給予適當的活動與遊戲，讓孩子開心地學習與進步；學長會很用心地跟家長說明與溝通，職能治療師可以給孩子許多訓練與協助，也要懂得支持家長。

阿鎧老師曾說：

「給我們時間，也給孩子時間……只要家長與職能治療師合作，孩子一定會進步的！」

這一句話永遠讓我印象深刻，一直銘記在心，是我學習的典範與偶像！從阿鎧老師身上我看見「愛心、耐心、恆心」，原來我們職能治療師的工作是「用生命服務生命」的過程！唯有「愛」，才能克服一切障礙！

這本書真的太重要，讓許多家長可以從教養態度出發，不要第一時間就罵孩子，而是透過觀察孩子的行為了解背後的原因，加以引導，進而找到最適合孩子的解決方法；也是幼教老師與孩子們互動、職能治療師訓練孩子很棒的參考書，真的是教養孩子必讀的聖經啊！我們愛孩子，我們都在學習成為更棒、更好的父母！有了阿鎧老師分享的教養故事與小秘訣，我們真的是有福了！

希望大家都來買這本書，與職能治療師一起陪伴孩子、愛孩子，快樂長大！

謝謝阿鎧老師，我們愛您，願上帝保守您的一切，平安豐盛。

目錄

PART 3

孩子，你想說什麼？解讀孩子情緒背後的意義

［前言］

教養這條路，女兒教會我的事

因為工作的關係，我常教導家長們如何帶小孩，不過也有很多爸爸媽媽會反過來問我：「阿鎧老師，你又是如何教養自己的小孩呢？」其實跟大家沒什麼不同，第一個孩子，連我自己都是照書養的，而且照的還是教科書！

記得太太第一次懷孕時，我也常叮嚀她不要喝咖啡、喝紅茶，對所有細節都很在意。我們做好一切準備，期待著女兒到來的那一天。

不像一般小孩生下來時會哇哇大哭，女兒安安靜靜來到了這個世界，真的超乖的！我還開玩笑地跟太太說：「女兒應該是媽祖轉世，因為林默娘出生時也沒哭。」不過，接下來一連串的狀況，真的是令我們始料未及。女兒出生時有臍帶繞頸的狀況，而且輕微地吸入胎便，我還來不及看一眼，就被送進加護病房。令人慶幸的是，雖然產程稍微久一些，但大腦並沒有缺氧的現象。

雖然我因工作的關係常接觸小孩，但看到女兒小小的身形，乖巧地躺在保溫箱裡，當時真的感覺：「好可愛啊！」我忍不住問護理人員：「我可以摸一下她的小手嗎？」

護理人員一臉狐疑地回答：「你是爸爸，當然可以啊！」

我小心翼翼地把手伸進保溫箱裡，輕輕觸摸一下她軟綿綿的小手，心中頓時充滿無限的感動；也就是在此刻，我才真的感覺自己變成了一個爸爸。女兒的身體軟趴趴的，因此我幫她取了一個可愛的綽號：「小布丁」。小布丁一出生就在加護病房裡住了二、三個禮拜，還好我太太是護理人員，而我是職能治療師，醫療資源比一般家庭多，我們認為就算日後有任何狀況應該都能掌控。

乖巧的小布丁是上天派來的天使

我跟太太平常都必須工作，小布丁出院後就由我爸媽幫忙帶，由於她很少哭鬧，阿公阿嬤在照顧上也不會覺得太吃力。大約四、五個月大的時候，她開始咿咿啞啞地發出聲音，我們都很期待她會講話的那一天。我常想像著我們父女之間會如何對話，她又會出現什麼可愛的回應。

差不多六個月大的時候，小布丁得了嚴重的感冒，經過評估之後，醫師建議需住院幾天，這件事讓我一度認為是造成她後來問題的原因。就在七個月大的最後一天，我們將小布丁抱起來讓她坐著，雖然可以坐得住，但卻無法躺下來後再自己坐起來，這在發展上仍是屬於「不會坐」的程度。

在工作上，我看過很多與眾不同的小孩，我的直覺告訴我：「女兒有發展遲緩的問題。」我帶著她去就醫，並且把自己的疑慮告訴醫師，他建議先當成發展遲緩來處理。

小布丁需要專業的協助，除了做治療之外，我也會在家裡自己訓練她。幫自己的孩子治療時，我深深體會到這的確不是一件容易的事，因為在面對最疼愛自己的父母時，孩子難免會賴皮、會撒嬌，大人也會於心不忍。別的治療師帶的時候，女兒即使哭鬧也會照著做，像是爬完全程等，但回家之後，不管我如何威脅利誘，她就是動也不動。為此，我決定請其他治療師積極協助，專心扮演好一個爸爸的角色，常抱著她玩或唱歌給她聽，給予不同的刺激。

對於女兒的情況，我太太也處之泰然，並沒有太過憂心。隨著女兒慢慢成長，她的手部漸漸出現不太尋常的動作，一開始我們懷疑是不是雷特氏症，之後包括天使症候群、自閉症等都曾評估過，只要手部可能出現怪異動作的疾病，我跟太太都努力去搜集資料，不過醫師一一排除了這些可能性。

小布丁躺在床上時幾乎不怎麼動，看起來懶懶的，醫師先診斷為「低張型腦性痲痹」，之後也朝這個方向治療。雖然女兒沒有癲癇發作，但腦波卻呈現異常的現象。一直到了一歲多，她開始吃手，跟一般孩子有所不同，是把整個手掌放進嘴裡。吃手的這個舉動，加上叫喚她沒有回應，讓醫師覺得很像雷特氏症，但是在幾項基因檢查結果並未發現異狀，因此還是診斷為自閉症。

女兒集發展遲緩、腦性麻痺及自閉症三大診斷於一身，一般家長遇到這樣的狀況應該會十分焦急吧！不過，我覺得病名就只是一個名詞而已，最重要的是根據孩子欠缺的能力，以及需要發展的方向來做治療就可以了。

我還打趣地跟太太說：「你看，生一個孩子就能幫我複習念書時學到的所有東西！」

雖然小布丁是個特殊的孩子，但我們並沒有放棄她，我父親每天牽著她的小手到外面練習走路，雖然進步得很緩慢，但還是看得見她的成長。

兒子來報到之後，我們才算真正享受到親子互動的天倫之樂。面對姊姊的問題，兒子有許多的疑問，而我們總是告訴他：「姊姊是天使，但是她有太多祕密無法告訴我們，因此她無法跟你講話。」

我相信太太跟女兒之間有與生俱來的心電感應，雖然沒有開口，但她總是懂得女兒的需求。當兒子想跟姊姊說話時，我們會請他透過媽媽溝通。有時候姊姊學校裡有活動，我們也會讓兒子請假跟著一起去參與，透過多跟這些孩子們的相處，逐漸建立同理心。雖然我們沒有刻意要求他要照顧姊姊，但他總是自動自發地幫忙許多事，例如，主動幫忙在推車上放上腳踏板，或幫姊姊擦擦口水。

照顧這樣一個情況特殊的小孩，我跟太太都不覺得有什麼特別辛苦或難受的地方，唯一一次是我爸爸無心地說：「你自己是學這方面的，怎麼會生出這樣的小孩？」讓我感觸很深，原來大家對特殊兒還是有很多不了解的地方。在陪伴女兒的過程中，我自己也學習很多，這些經驗教會我遇到事情時不是去追根究柢，或急著去找原因，而是應該找出解決的方法才行。

家有特殊兒更能體會家長的心情

我記得在醫院實習時，家長常會問我：「阿鎧老師，你有孩子嗎？你沒有孩子，怎麼知道如何帶小孩？」每當聽到這樣的問題，我總是回答他們：

「雖然我還沒有孩子，但是我有專業！」我喜歡請家長一起走進治療室，幫助孩子改善他們的問題。

另一個最常被問到的問題是：「老師，你看過這麼多特殊的孩子，將來還敢生嗎？」當時我在南部的醫院服務，自閉症或過動的小孩並不常見，反倒是腦性麻痹的小孩比較多。我認為自己有照顧特殊小孩的專業，因此若老天真的要賦予我這個任務，我也不會畏懼。女兒誕生在我們家，對我而言不僅是一種責任，也是對我專業方面的肯定。

有一次我太太幫女兒洗完澡，我聽見她邊擦乳液邊說：「妳看！妳是來砸爸爸招牌的！妳要趕快進步喔！」

我聽了馬上接口說：「不是啦，女兒是來幫爸爸建立招牌的！」

有一個跟我比較熟的家長，她也是學校的老師，小孩則是自閉症。我帶這個小朋友做治療很久了，也看見他逐漸進步中。每次課程結束後，我總會叮嚀他的媽媽回去該做哪些事。有一天，這位媽媽聽完我的囑咐後，突然眼眶一紅地說：「我是一個老師，回去還要改學生的課業，家裡又有公婆要照顧，你有沒有想過，我可能沒有時間訓練孩子？」

看見這位媽媽的眼淚，我心有戚戚焉，忍不住也哭了。我安慰她：「我知道妳的感覺，但為了小孩好，我們不得不努力！我今天在這裡幫助了十幾個孩子，回家還有女兒等著我……」不過因為這件事，我也開始調整跟家長的溝通方式，更懂得站在他們的立場去想事情。

當自己有小孩時，才能切身體會家長的感受。由於現代家庭大多只有一個孩子，家長幾乎都是在毫無經驗的情況下教養小孩，確實會遇到許多意想不到的情況。我希望這本書能給予的不只是醫學上的協助，還能從親職的角度出發，幫助父母在教養這條路上走得更輕鬆，也希望所有的孩子都能生活得更開心。

PART 1

你的教養態度正確嗎？

我常常遇到很多爸爸媽媽，他們一開口就問我：「阿鎧老師，我的教養方式是不是錯了呢？不然，為何孩子都不聽話？」我想跟大家分享的一點是，教養方式其實沒有對或錯，關鍵在於有沒有找到適合孩子的方法。

在反省自己的教養方式之前，我想先請各位爸爸媽媽們回想一下，你們都是從哪裡學到教養孩子的方法呢？不管是學校教育，或者父母養成的過程中，並沒有任何一種科目或課程教導你如何帶小孩。大家教養小孩的方式都是效法上一代的經驗，加上自己的感覺及想法，或參考其他人的方式（例如網路或書籍），將所有的資訊融合之後，發展出一套教養小孩的方法。

其實，教養也應該與時俱進。舉個最簡單的例子，老一輩的爸媽認為打罵小孩沒什麼不對，但隨著時代的變遷，現在的小朋友完全不能打、不能罵，家長也就無法參考童年時被管教的經驗。如果沒有找到適當的教養方式，爸媽們可能對小孩束手無策，孩子也會變得予取予求。

當爸媽完全沒轍時，只能不斷感嘆：「現在的小孩真的好難帶呀！」遇到這樣的狀況時，我通常會建議爸爸媽媽們先試著放輕鬆，不妨想像一下自己正處於跟孩子一樣大的年紀，回頭去看看當你還是小孩時，如果遇到一樣的問題會希望爸媽怎麼來處理呢？想到方法後，再回到大人的角度去調整一下，就知道如何用最適當的方式來管教孩子了。

用正向教養引導孩子

大部分的家長都會去挑孩子的毛病，從人類學發展的角度來看，這樣做是理所當然的，因為不管任何的物種，上一代都會去挑下一代的毛病，找到缺點才能改進，這樣才能越來越進步，也才符合「優生學」。但是，請不要忽略了人類是萬物之靈，是有感情的。在孩子的成長過程中，若大人挑剔的言語老是不絕於耳，像是：「你怎麼沒把飯吃乾淨？」「你怎麼沒把玩具收好？」「你怎麼這麼笨啊！」……這樣的溝通方式會讓孩子的自尊一直遭受打擊，令他們充滿挫折感，最終的結果是逐漸喪失自信心。

喜歡碎碎唸的爸媽不在少數，但這些看似無心的行為及言語，可能會為孩子帶來無法想像的負面影響，讓他們對自己及未來都缺乏信心，甚至帶來無法挽回的悲劇。在社會上，學生跳樓自殺的事件時有所聞，很多案例都是因為孩子遭遇挫折卻不知如何處理。當孩子不知道如何面對現實時，只好選擇結束自己的生命。不管對孩子或家長而言，這樣的情況都是不公平的。因此，我總是提醒爸媽們別忘了用正面的角度去看待孩子的行為，當發現他們好的那一面之後，請多鼓勵、多訓練，讓他們能夠更為突出，最好是能夠變成專長。將來就算孩子其他方面表現得不夠好，至少還有一項專長可以成為賴以謀生的能力。

多鼓勵孩子能引發學習的動機，也是激勵他們一直進步的動力，甚至原本比較弱的項目也會跟著開始提升。這樣的方式能讓他們在學習過程中得到成就感，並且養成願意面對挑戰的態度，對人生也會充滿希望。

提升孩子挫折忍受度，避免玻璃心碎滿地

現代家庭小孩都生得少，孩子集所有長輩寵愛於一身，大人們總是讚美或包容他，因此孩子會誤以為自己做什麼都是對的。但是，現實的世界並不是以他為核心在運轉，當批評的言論開始出現，或遇到不順心的狀況時，往往無法接受。

當孩子遇到挫折或自己無法接受的情況時，可能會哭鬧或摔東西，反應激烈一些的還會撞牆或撞地板。遇到孩子玻璃心碎滿地的時候，爸媽可能忍不住會想：「為什麼孩子對挫折的忍受力這麼差呢？」

當孩子遇到失敗、不順心或無法處理的狀況，會覺得挫折，而且情緒也會大受影響，是正常的嗎？爸爸媽媽不妨反過來想一下，當自己遇到挫折時，是不是也會感到悲傷、憤怒或失落？雖然已經是成年人了，是不是偶爾

也會因為挫折而哭泣或悶悶不樂呢？即使是大人，難免也會因挫折而退縮或逃避吧。當孩子出現負面情緒時，想哭想鬧是正常的，但大人因為怕吵、怕被笑、怕被責怪或怕浪費時間，因此會要求他自我控制。想一想，你是不是也曾跟孩子說：「這一點挫折有什麼嘛，你是男生，要勇敢一點，有什麼好哭的呢？」任何人都會有情緒，千萬不要因為怕麻煩或擔心吵到鄰居，而要求孩子壓抑自己的情緒。

爸媽們，別再責怪小孩遇到挫折時總是出現負面情緒，反而應該想辦法提升他對挫折的忍受度，也就是「抗挫力」。抗挫力較高的孩子在面對挑戰時，比較會以正面、積極、樂觀的態度來面對。想要提升孩子的抗挫力，可以依照下面步驟著手：

1. 建立成就感

不要去挑剔孩子不好的部分，反而應該放大好的部分，讓他獲得成就感。例如孩子疊積木時，每次疊到第三個就倒，此時家長應該先讚賞他已經很努力疊到兩個了！讓他覺得：「我也做得到！」才能建立成就感。

2. 給予適當挑戰

當孩子有了成就感之後，大人可以開始把難度提升，給予適度的挑戰。在孩子能力範圍之下，鼓勵他多做一些，例如寫作業時再多寫一行生字，當孩子達到目標後，不只會更有成就感，自信心也會跟著提升。

3. 放手讓孩子做

現代家長總是幫孩子做得太多，當問題出現時，老是急著幫忙處理，久而久之，當孩子獨自面對挑戰時，會因信心不足而逃避。家長們請學會放手，只要在一旁默默觀察，並且在適當的時候給予鼓勵即可。這樣才能讓孩子從錯誤中學習成長，並且相信自己會越來越好。

4. 鼓勵、讚賞

提升孩子的抗挫力絕非一天兩天的事，過程中難免會有不如預期的時候，家長應針對好的部分給予鼓勵及讚賞，多跟孩子說：「你真的好棒！」之後再鼓勵他繼續嘗試看看。這樣做能減輕因挫折所帶來的壓力，也能幫助孩子以正向的心態面對挫折。

5. 預習挫折

預習挫折就是：「做最好的準備，做最壞的打算。」人的成長過程中總是免不了挫折，如果能準備好面對挑戰，並且想好萬一情況不如意時該怎麼辦？這樣當孩子真的遇到挫折時，才懂得如何尋找資源及找到適當的人來幫忙解決問題。

教養孩子必須因材施教

現代資訊來源太廣泛，除了網路之外，還有各式各樣的書籍及電視節目，很多爸媽都會參考明星、名人或部落客的教養方式，以為只要複製別人的經驗，教小孩就會變得比較容易一些。

我想要提醒各位爸爸媽媽，教養小孩一定要「因材施教」，也就是視孩子的個性、氣質，以及自己所處的環境來調整方法。名人教養的經驗當然可以參考，但不能當成「準則」，因為每個家庭的經濟環境及背景皆不一樣，能給予孩子的條件肯定也不會相同。不過，爸媽們也不用因此而感到憂心或無所適從，因為只要適時尋求專業的協助，不管在任何環境下都能幫助孩子發展得更好。

我最擔心的是家長「對號入座」，一看到別人的小孩有任何狀況，也跟著懷疑自己的孩子會有相同的問題，於是盲目地帶著他們上遍各種才藝或訓練課程。因為沒有真正了解孩子的問題在哪裡，這些課程的幫助有限，除了浪費金錢跟時間之外，更可惜的是孩子已經錯失訓練的黃金期。

此外，也有很多家長擔心被貼標籤，怕別人認為自己的孩子心理有問題，因此不願就醫。其實為了怕被汙名化，大部分的醫院已將「精神科」改名為「心智科」或「身心科」，但還是無法完全擺脫傳統刻板印象。家長的態度及做法會影響孩子的發展，尋求醫療專業的協助才能獲得更多正確資訊，但請記得，治療並不是越多越好，而是應該要積極配合並且持續才是最重要的！

爸媽們放輕鬆

每當遇到孩子闖禍時，很多媽媽會馬上拉高嗓門大喊：「你怎麼搞的啊?!不是跟你說不可以這樣嗎……」

有些家長會很在意旁人的眼光，覺得孩子犯錯或出糗，自己也會跟著丟臉。其實，媽媽自己應該學會先表現大方，因為若媽媽情緒穩定，即使當下孩子大聲哭鬧，也能幫助他們慢慢緩和情緒。但現實生活中比較常見的是，媽媽自己也跟著急躁、生氣，甚至掉頭就走，或者威脅孩子：「你再這樣，我就不理你了！」這種戲劇化的劇情，反而是旁人最愛觀賞的，大家都會猜測媽媽將如何善後。

跟家長溝通教養方式時，我常會勸他們：「放輕鬆一些！」但大部分的媽媽會回答我：「阿鎧老師，我也想保持優雅，但孩子狀況百出，超級難控制的，怎麼有可能放輕鬆啊？」

孩子正當好動的年齡，父母的神經老是處於緊繃的狀態，隨時都要準備收拾善後。其實，如果爸媽能「胸有成竹」，心裡預備好處理的方法，遇到任何狀況才能「老神在在」。

我曾帶過一個媽媽團體，上課時大家要做的就是天馬行空的發想：「我的孩子會出什麼亂子？孩子會搗什麼蛋？又會惹出什麼麻煩？」先把媽媽跟孩子可能遭遇的各種情況統統想一遍，才知道應該如何應對。課程進行中，我會請媽媽們都提出一個問題，然後大家一起來想，遇到這樣的狀況該如何解決。除了自己的想法之外，也參考別人意見，這樣每個人都有好幾套面對孩子出狀況時的劇本。

例如，有個媽媽提出問題：「孩子在馬路上亂跑，叫不住怎麼辦？」

有個媽媽說：「大聲吼住他！」

另一個媽媽則說：「給他拴個狗鍊好了！」

還有媽媽說：「就讓孩子跑呀，不過要事先提醒他們小心。」

聽了大家的意見之後，原先提出問題的媽媽才恍然大悟：「對耶，這些方法我怎麼都沒想過呢！原來除了制止他，我還可以事先教他如何避免危險！」

當媽媽有這麼多的解決方案，遇到事情當然就不會太過緊張了。

教養孩子意見不合時該聽誰的？

我記得兒子上幼兒園時，有一天玩積木玩到忘了時間，我發現已經太晚了，於是叫他趕快去睡覺，連玩具都不用收了。兒子此時正在興頭上，哪聽得進去我的話？當然說什麼也不肯罷手。

正當我們父子展開對峙時，阿嬤立刻跳出來說話：「就讓他再玩五分鐘嘛，有什麼關係呢？」於是，孩子又興高采烈地玩了一會兒。這短短的五分鐘，不只關係著當晚的睡眠時間，連日後我們的溝通都受到影響。從此，我只要請他收玩具，他就會耍賴皮地說：「阿嬤說可以再玩五分鐘耶！」幾次之後，我想想這樣下去真的不行，於是召集大人們開了一次家庭會議。

我相信大家都是愛孩子的，但教養的方式只有一種，如果意見分歧，對大人跟小孩都不好。我們討論之後決定，日後當孩子出狀況時，誰先出聲或出手，其他人就必須按照他的方式去做，不能有不同的聲音。因此，之後只要我說：「該睡覺了！」其他人就會跟著附議：「爸爸說了，去睡覺喔！」

當然，對於三代同堂的家庭，單一的教養方式可能會有些困難，當彼此的意見相左時一定會造成摩擦。有這些問題的家庭，我都會建議他們，長痛不如短痛，與其之後爭吵不斷，不如一次解決，大家把教養的方式談清楚吧。

當大家達成共識之後，相信阿公阿嬤也會覺得輕鬆多了。因此，教養到底該聽誰的？我認為沒有一定的答案，就看家庭成員怎麼溝通協調了。

PART 2

孩子的喜怒哀樂，你了解嗎？從行為進一步理解孩子

孩子愛咬手指頭、拔頭髮，因為缺乏安全感？

就讀幼稚園中班的瑞瑞，老是被老師說上課不專心，常常整個人放空或心不在焉。媽媽也發現她會咬著手指頭發呆，甚至把手指甲咬得爛爛的，怎麼阻止都沒有用。問了許多親友的意見之後，猜測可能是因為缺乏安全感的緣故。

這位媽媽不知道該如何處理，於是帶著她到診所來向我求助。

四、五歲的小朋友，應該是最無憂無慮的時候，為什麼會缺乏安全感呢？原來，瑞瑞對於上課這件事感到十分焦慮。剛上幼兒園時，由於第一次離開家到一個陌生的環境中，很多狀況都可能引發負面情緒，例如老師給予的壓力、跟同學之間相處的問題，以及對環境不熟悉等。當孩子焦慮時會咬手指頭，可能是發出求救訊號，但大人卻沒接收到。

每當家長告訴我孩子出現怪異行為時，我都會請他們先想想為何孩子會這樣做？背後的原因是什麼呢？其實不管是咬手指頭或拔頭髮等，這些被家長視為「異常」的行為，可能都是孩子感到不安的反應，表示他現在缺乏安全感，當他咬手指頭時，可以藉此讓內心的情緒稍微緩和一些。反過來說，如果強迫孩子不准做這些動作，可能會讓他們心裡更害怕。

父母看見孩子咬手指甲，擔心的往往是美觀問題，有些爸媽會在小小孩手指上塗辣椒、芥末或黃蓮，期望他們不再重複這樣的行為，但常常徒勞無功。我兒子小時候也會吃手指頭，當時我跟太太也很擔憂，於是就在他的手指上塗辣椒醬，剛開始好像有點效果，沒想到幾次之後，他竟然愛上辣椒的滋味。這個經驗讓我學到，當孩子出現異常行為時首先要做的並不是制止，反而應該先想想他為何會這樣做？畢竟，孩子咬手指頭可能因清潔問題造成「病從口入」，若沒有試著了解背後的原因，這樣的行為永遠不會消失。

咬手指能刺激觸覺、緩和情緒

如果從感覺統合的角度來分析，身體末端部位的敏感度較高，包括指尖、指腹及嘴唇都是。藉由咬手指這樣的過程可以刺激手指及嘴唇的皮膚，讓足夠的觸覺幫助情緒穩定下來。有一些小朋友會咬手指甲或指頭關節，這是因為他們需經由用力來刺激「本體覺」。（註）

本體覺屬於肌肉關節的一種感覺，當小朋友用力咬手指甲時，顳顎關節會得到刺激，使他們情緒變得穩定。相信大家都有聽過一句話：「氣得牙癢癢的」，當我們生氣時會用力咬緊牙關，甚至是握緊拳頭，但是用力之後再放鬆的結果會讓我們的情緒變得穩定一些。因此，藉由咬指甲或咬指頭關節來穩定情緒，這是人的本能，藉此得到安全感。

很多孩子晚上睡覺，一定要蓋著自己專屬的小被被或枕頭，家長們常會覺得奇怪，為何他們非要同一條棉被或同一個枕頭不可？這是因為觸摸自己熟悉的東西會產生觸感，如此一來，觸覺系統會幫助情緒趨於平緩，也才能安心入睡。

當孩子出現這樣的舉動時，先不要急著制止或責罵，此時不妨把他正在咬的手指頭輕輕拉開，並且把他喜愛的娃娃放入手中，同時別忘了稱讚：「哇，你好棒喔，會照顧這個娃娃耶！」這樣做能讓孩子從原本咬手指頭得到刺激，轉移到抱娃娃這件事上，也能藉由誇獎得到正向的引導。

咬手指頭是為了能專注

有些孩子在思考時可能會咬手指頭、抓頭髮或搖晃椅子，這些行為有助於大腦專心。不過，雖說它能幫助大腦專心，但原理是讓大腦「分心」。聽起來好像有些矛盾，為什麼呢？其實，這些行為雖然會讓大腦分心，但又沒有完全離開專注的範圍。例如，很多人在讀書時會一邊聽音樂。有研究報告指出學習新事物時受到音樂干擾會分心，但另一派學者卻認為，如果聽的是自己很熟悉的音樂，也就是不會與其互動的「白噪音」，像是菜市場的人聲鼎沸、街上車水馬龍的聲音、小橋流水聲或蟲鳴鳥叫聲等，這些刺激反而比置身在完全安靜的環境之下更能讓大腦運轉，進而減少昏昏欲睡與腦袋不靈光的情況。此外，讀書時即使大腦被這些聲音吸引，當下也會自行判斷這些聲音是沒意義的，因此會繼續專注於原來的活動中。

正常人的專注力無法一直持續於同一件事物太久，偶爾分心一下再回來，反而能提升專注力。關於專注力有個經典研究，它探討了休息與分心的重要性。

在實驗裡找來兩組小朋友運算比他們實際能力高出許多的數學題，A組小朋友先進教室閉門試算一個小時，結束後B組小朋友再進去。兩組受試者的題目完全相同，所不同的是，B組的小朋友在這一個小時內，每十分鐘就能休息五分鐘。沒想到最後的測試結果顯示，B組小朋友答題的數量及正確率皆高於A組！實驗結果證明，讓大腦神經元適時休息一下，回來後再繼續努力，得到的成績更好。因此，當孩子埋首在桌前讀書時，不必要求他們保持長時間專注的狀態，如果覺得累了、煩了，適當地休息一下，表現反而更好。

孩子喜歡拔頭髮，是焦慮還是不專心？

拔頭髮、繞頭髮跟咬手指甲一樣，常被家長認為是怪異的行為，想阻止孩子這樣做卻往往不得要領。事實上，家長在意的不是動作本身，而是頭髮會不會變禿或動作看起來很醜這件事。想要避免孩子這些舉動，就要利用轉移注意力的方式，例如，發現孩子一手寫字、一手玩頭髮時，可以讓他手裡改拿橡皮擦，有東西握著，就不會一直想拔頭髮。

我曾遇到一個小男生喜歡玩頭髮，情緒也比較躁動、坐不住，評估後發現果然處於焦慮的狀態。於是我讓他手裡改握圓柱狀的積木，因為質地較重，觸覺刺激會比較明顯。而當他的情緒變得比較穩定之後，表達能力也跟著有了改善。

小朋友焦慮的原因通常都是希望自己表現得更好，得到大人的稱讚，由於急於表現，所以會感到焦慮，但焦慮又讓他表現得不如預期，形成一種惡性循環。遇到這種狀況，首先要做的是建立孩子的自信心，讓他覺得自己真的很棒。當有了自信心之後，孩子就會將速度放慢一點，表現也會變好，若因此得到家長的稱讚就會進步得更好，成為一種正向循環。

至於拔頭髮或繞頭髮是否會分心或不專心，就像前面談的，一開始會因動作而分心，但當這些動作成為習慣之後，反而有助於持續專心。

［註］

感覺統合三大系統

感覺統合著重全身各種統合，但以「觸覺」、「前庭覺」及「本體覺」等三大系統最為重要。觸覺是最基本的系統，是認知學習的重要基礎，而觸覺的接受器就是遍布全身的皮膚。前庭位於內耳庭覺神經路徑上，主要掌管人體的平衡，因此前庭覺失調的孩子對於速度的感覺無法妥善處理，可能變得過度活潑、好動。本體覺系統又稱為肌肉關節覺，跟動作的控制有關，本體覺整合出狀況的孩子，動作容易變得不靈活。

孩子為什麼上課老愛發呆？

翔翔今年四歲，正是愛玩好動的年紀，但爸爸媽媽很怕他輸在起跑點，於是幫他報名了全美語的幼兒園就讀。

有一天翔翔媽媽去接孩子下課時，跟老師聊了一下他上課的情形，才知道原來翔翔常在課堂上發呆，有時候叫他也沒有回應。聽了老師的話，媽媽感到很憂心，除了擔心他有注意力不集中的問題之外，也害怕將來上小學時會跟不上別人。

幼稚園小朋友上課發呆，雖然是很常見的問題，很多家長都為此感到憂心忡忡。其實，專心跟發呆有時真的很難區分，孩子一直注視著老師，就代表他很專心嗎？有可能思緒已經不知道飄到哪裡去了。現代的家長都希望孩子從小就能提升競爭力，只要一有機會就不斷灌輸他們知識，但是孩子的大腦就如同電腦一般容量有限，一下子給予太多指令，如果沒有時間或能力立刻處理好，可能就會造成當機。

若孩子只要一上課就開始發呆，完全不理會臺上的老師，首先應該考量的是學習動機及專注力的問題。如果上到一半才開始恍神、發呆或看窗外，有可能是學習的內容讓他感覺負擔太大、無法吸收，他的小腦袋還在處理剛剛的資訊，無暇理會老師。碰到這樣的情況，建議師長們應給孩子一些時間來適應，或者引導孩子表達究竟課程哪裡讓他感覺困難？是否需要老師的協助？這樣才能有效幫助孩子，而不是一直斥責他：「怎麼又發呆了？」「為何上課時不看著老師，而望著天花板呢？」如果孩子無法吸收上課的資訊，老師又拚命塞新東西給他，腦袋裡一定會亂成一團，情緒也會跟著受影響。

還有另一種常見的情況，有些孩子屬於「聽覺型」的學習方式，因此會讓老師感覺他好像老是在發呆。現今的教學方式著重「視覺」，要求孩子上課時要看著老師、看著白板，但有些孩子先天有聽覺優勢，他們的聽覺很敏感，常常喜歡偷聽大人講話。聽覺型孩子上課時也會選擇自己最敏銳的器官來接收知識，用耳朵聽是他的強項，所以未必會用眼睛來注視授課的老師，讓人誤以為他的學習出現了問題。

對於聽覺型的孩子，我們應該讓他多聽，並且鼓勵他表達意見，有聲音的回饋，會讓學習更好。

為何寫作業總是拖拖拉拉？

喬喬一進門就一屁股坐在電視機前面，也不管書包還背在身上，就拿起遙控器按啊按地。

「你給我把書包拿回房間！」從廚房出來的媽媽，看見他這副懶散的樣子，忍不住唸了起來。

「喔！」喬喬敷衍地應了一聲之後，心不甘情不願地走進房裡，放下書包後又在房裡發起呆來。

媽媽發現他怎麼那麼久還沒出來，跑進房間裡沒好氣地說：「你在幹嘛啊？我不是說過回來要先寫功課嗎？趕快把書本拿出來呀！」

喬喬坐到書桌前，慢吞吞地拿起書包，媽媽見狀立即衝上前，一把抓起書包，把寫作業需要的東西全部拿了出來！

十分鐘後，媽媽又跑進房裡看，結果發現喬喬只寫了幾個字，不悅地說：「你動作那麼慢，作業是要寫到多晚？把聯絡簿打開來！」「今天有什麼作業？有國語習作喔！國語習作拿出來！」「快一點寫！」孩子動作慢就算了，而且還一個口令一個動作，這一點，相信是很多媽媽共同的困擾。

媽媽愛下指令，孩子一個口令一個動作

每隔一段時間，就會有媽媽跑來問我：「阿鎧老師，為什麼我的孩子總是拖拖拉拉，一定要我一直盯著才寫功課，有什麼方法可以讓他快一點嗎？」

這些媽媽們是否曾想過，就是因為她們緊迫盯人，不斷耳提面命的方式，才讓孩子寫作業不專心？因為他們只要聽到媽媽的指令後再行動就好了，不必去思考自己接下來要做什麼、該怎麼做，因此專注力自然不在課業

上，反而想到了手機遊戲。結果媽媽「苦口婆心」的教導，孩子卻沉浸在自己的世界，讓媽媽更加生氣！

想要讓孩子專心寫作業，建議媽媽們別再當指揮官下達指令了！不妨學著放手，讓孩子的大腦啟動，凡事自己來。當孩子下課回家後不寫功課，直接坐在沙發上看電視時，不妨問他：「你在做什麼？你現在應該做什麼？」這樣的問話讓孩子開始思考、開始計畫，也就是能夠設想自己要做的每一步，而大腦自然也會專注在這些事情上。這樣的做法，讓孩子學會為學習專注力負責任！

讓孩子學會自主管理

看到這裡，很多媽媽一定又會說：「阿鎧老師，你不知道我的孩子，他超沒有時間觀念的，不管他，他一定寫不完啦！」

為了讓孩子養成時間觀念，建議媽媽們不妨買個倒數計時器，幫孩子設定寫作業的時間，剛開始請以不超過十分鐘為目標。記得，每段時間開始前，請清楚地告訴孩子這段時間要完成的作業量，然後再按下計時器。過程中，媽媽請別打擾或提醒孩子，讓他學會「自主管理」吧！媽媽要做的就是在計時器響起時，檢查孩子的作業完成了多少，如果都有按時做完，可以休息三分鐘或獲得稱讚獎勵之類；如果沒有的話，就只能給他一分鐘上廁所或喝水。休息過後，再訂定下一個十分鐘的作業目標。

一段時間之後，媽媽不用一直陪在孩子身邊，讓他自己完成寫作業這項任務。沒有媽媽的陪伴，孩子除了要動腦安排作業時間之外，也不用再「分心」處理媽媽的指令，會變得更加專注，寫作業的效率也可以提高。

有時候，不管孩子，才是最佳的管理之道，這就是古人所謂的「無為而治」吧！

孩子靜不下來、坐不住，是不是過動兒？

「你可不可以乖乖坐好、認真寫功課啊？」

「你是不是毛毛蟲，為什麼一直動來動去的呢？」

「不要在家裡跑來跑去的，你為什麼總是講不聽呢？」

這些對話幾乎天天在凱凱家裡出現，媽媽不明白，為什麼孩子總是靜不下來，老是動來動去，像身上長了蟲一樣。凱凱活力旺盛，有時在外面跑跑跳跳一整天之後，回家途中只要在車子裡稍微睡一下，下車後立刻又是生龍活虎，像金頂電池一般。

凱凱總是精力充沛，對什麼都充滿了好奇心，每次要他好好坐著看書或寫功課時，老是坐不住，過不了幾分鐘就會站起來，或者東摸西摸一下。

望著老是在家裡爬上爬下的兒子，凱凱媽媽真的很擔心他是不是過動兒？她很想知道，有沒有方法可以改善孩子過動的情況？

重要的是症狀而不是病名

「過動」、「注意力不集中」、「不專心」，是現今家長最關心的名詞之一，網路上 Google 一下，也有好多相關資料。

首先，我們先從「過動兒」來談起。家長在意的不是「過動兒」這個名稱，而是為什麼孩子總是「跑來跑去、靜不下來」。不要說是孩子，即使是大人，應該也常有坐不住的時候吧？例如，你一早就努力工作到十一點半，快接近中午了，是不是會感覺比較坐不住？想一想，這算是過動嗎？其實只是肚子餓了而已。中午吃過飯，腦袋開始變得不靈光，別人叫你也沒什麼反應，這是自閉症還是遲緩？都不是，只是吃飽後血糖飆高，感覺昏昏欲睡。

有什麼狀況，就會造成什麼問題，但不能用狀況去找病名。例如今天你突然打噴嚏，未必是感冒，可能只是四周的灰塵太多了。因此，我認為家長不必執著於自己的孩子到底是不是過動兒，而是應該找出孩子靜不下來的原因是什麼。如果孩子在上課時動來動去、不專心，可能是老師講的內容太過簡單或者不夠吸引他，因此不想聽。孩子肚子餓了、過敏皮膚癢時也會坐不住。有太多因素讓孩子靜不下心或坐不住。記得，請把孩子靜不下來的狀況記錄下來，是不是在某個時間點、某個老師或某些特殊情況時容易發生，分析過後再找出原因。

如何判斷孩子專不專心

許多父母看到孩子玩玩具不到三分鐘就換另一個玩具、畫畫沒畫五分鐘離開座位，就認為孩子屬於「不專心」一族，甚至懷疑是不是「過動兒」？

除了帶孩子接受醫師的專業評估外，我們還可以從兩方面來大略判斷孩子專注的能力：

1. 孩子是否有專心到讓你稱讚的時候？

很多媽媽會說，雖然孩子老是動來動去，但只要讓他看電視、打電動或玩手機，卻又表現得十分專心。雖然這些3C產品操作不當會對孩子專注力有不良影響，但卻能從中感覺到孩子有專心的時候。

2. 孩子會玩曾經玩過的遊戲，並且持續一段時間嗎？

孩子在不同的空間裡跑來跑去、輪流遊玩，這樣的行為看似不專心，但是只要他們還會對玩過的玩具感興趣，並且持續地玩，這就表示大腦對於之前的遊樂過程進行處理，因此孩子才會感到樂趣，再回頭來玩。孩子雖然跑跑跳跳，但並非不專心，而是在幾項玩具之中來回轉換注意力罷了。如果孩子在日常生活中能夠表現出對某項事物的專注力，那麼就別太擔心是否有重大障礙，我們可以從日常生活中給予適當的訓練！

提升專注力的方法

這二十年來統計媽媽對孩子專注力的困擾，不外乎這幾種：上課不專心、寫功課或讀書不專心、吃飯不專心、睡覺不專心，但我卻沒聽過家長跟我反應孩子玩遊戲不專心、看電視不專心、滑手機不專心。

孩子專心的能力並非一直提醒他「要專心」就可以訓練的，首先我們得先了解各種類型的專注力，才能夠幫助孩子真正專心。

1. 集中性專注力

屬於注意力的基礎，集中是「對焦」的意思，一旦缺乏的話就不容易注意到旁邊的訊息，例如爸爸回家關門發出「砰」的一聲，但孩子卻沒聽到。若孩子對於環境中的各種刺激無法產生反應，代表他在當時缺乏「集中性專注力」，無法處理環境中的訊息，專注力無法集中。有些孩子上課會表現出發呆、恍神，老師即使大聲叫他也沒有反應。

改善方式

要提升孩子的集中性專注力可以從玩丟接球開始，孩子必須將專注力放在球上，才能夠判斷何時張開手接球。

2. 選擇性專注力

在眾多訊息中，選擇必須專注的目標，叫做選擇性專注力。當老師在臺上講解，孩子卻看到窗外別人在遊戲；讓他好好畫畫時，卻只注意爸媽對話的內容……這些狀況代表孩子的選擇性專注力出現了問題，無法在各種訊息中選擇出自己應該專注的對象，因此忽略了應該做的事情，而注意到一旁刺激較強或感興趣的事物。

改善方式

孩子在學習時，除了減少不必要的刺激外，也可以要求他們在積木堆找出指定的積木來做訓練。

3. 交替性專注力

所謂的專心，並不是只專心於「一個目標」，而是專心在「一件任務」上。如果只專心一個目標，是完成不了任務的。舉例來說，當小朋友組裝積木時，需要看說明書、找零件、組裝，專注力需在兩、三個目標之間輪流轉移。孩子上課時需聽老師講解、看黑板、看課本並且做筆記，來回地看及操作。有些小朋友自己畫畫沒問題，但在學校上美勞課時，要一邊聽著老師的指令一邊畫，反而畫不出來。

改善方式

要幫助孩子專心，除了一次不要給予超過三項的玩具，訓練時可以利用串珠，要求孩子依照三種顏色輪流的方式來穿珠。

4. 持續性專注力

爸媽常會說：「孩子上課三分鐘就扭來扭去！」「寫功課五分鐘就坐不住！」以時間來評估孩子專注力的表現，這指的就是持續性專注力。孩子對於每件事物能夠持續的時間長短不同，因此我常建議媽媽們將孩子做每件事情的持續時間記錄下來，這就是持續性專注力的表現，並且可以做為訓練進步的指標。

改善方式

提升孩子的持續性專注力必須採取循序漸進的方式，當孩子不想畫畫了，鼓勵他再多畫一筆，下一次多畫兩筆、多畫一分鐘……持續性專注力自然會提升，平時也可以利用「走迷宮」的遊戲作為訓練。

5.分配性專注力

簡單地說就是「一心二用」。我們通常認為學習時應該專心於一件事，其實還應該專心於旁邊的訊息。當孩子「專心」看電視，卻忽略了媽媽的呼喚，這是因為孩子的分配性專注力不足。我們對於一件事物專心並非百分之百，因為必須留下些許的警醒性，來應付環境中突如其來的變化，例如警鈴大響或發生地震。

改善方式

平時可以帶著孩子帶動唱，一邊唱歌一邊舞動，藉此訓練他們的分配性專注力，其實也就是訓練孩子能夠「一心二用」的能力。

增加孩子專心的動機

當孩子的專注基礎能力建立好了，並不代表從此就能夠專心，也就是說雖然擁有了這項能力，但他未必想使用。因此家長會發現，為什麼孩子畫畫課時都能坐得住，但上書法課時卻東張西望？原因在於他對畫畫更感興趣，想專心的「動機」也比較強烈。

當孩子自我控制能力還未健全時，我們無法要求他對自己的專心負責，只能從提升動機來下手，也就是提供誘因。其實很多媽媽都會這招，例如當孩子寫功課慢吞吞時，會用「把今天的功課寫完就可以吃點心！」或者「下次考試數學進步十分，就帶你去遊樂園玩！」把孩子想得到的東西當成籌碼，確實能提升他對於學習的專注力。

此外，我們也可以利用「成就感」來提升孩子專注的動機，像是疊好積木後，帶著孩子看看自己「專心」的作品，當他得到讚賞，並且從作品中獲得成就感，將體會到「專心」帶來的好處，自然而然養成專心的習慣。

孩子不乖時可以處罰嗎？

小孩能不能體罰、該不該打，相信是很多家長會碰到的難題，我也常遇到家長告訴我：「小孩不聽話，只有棍子才有用！」或者：「我昨天又打小孩了，怎麼辦？」與其去探討「能不能打小孩」，我認為還不如去思考「需要打小孩嗎？」這個問題。

以我自己為例，打小孩的次數真的屈指可數，只有一、二次兒子的情緒表現太嗨，怎麼樣也靜不下來，這時我只好請出「家法」來伺候。不過，當我準備打他的屁股，才剛把褲子脫下來時，他就會嚇到，這時候就可以跟他好好談，讓他了解我們要他靜下來的原因，而不會演變成「打在兒身、痛在父母心」的情況。

通常小女生的個性比較靜、比較能說理，而小男生則屬於衝動型，用說的方式可能行不通。真的要處罰孩子的話，建議只動手一次就好，如果發現打完後還是照舊，表示根本沒用，那打孩子還有什麼意義呢？此外，請不要在一時衝動的情況下打孩子，下手之前請先深呼吸，讓自己的情緒穩定下來，才能衡量該下手多重。如果在氣頭上打小孩，容易流於情緒發洩，而不是在教育小孩。

我兒子還小的時候，我就特地去買了很多「愛的小手」，因為我知道有一天一定會派上用場。有一次，當兒子胡鬧之後，我終於拿出愛的小手，打了他的手心一下。雖然我知道只打一下是不夠的，但第二次不打，反而是用力拍旁邊的桌子。讓他不只感受到觸覺的皮肉痛，也會感覺到聲音的震撼。然後，隔天我拿出其他愛的小手，放在家裡看得到的地方，讓他有所警惕。

我經常會提醒孩子：「你看看這是什麼？是愛的小手喔！會不會怕？要不要聽話?!」藉由這樣方式，從此以後再也不用動手打孩子，當他不乖時，我只要拿起愛的小手，或者直接拍在桌上，孩子就知道要安靜下來。

上幼兒園時，我還把一支愛的小手交給老師，告訴她，當兒子不乖時，只要拿出來或掛在牆上，他就會變乖。現在，這支愛的小手幾乎都沒再用到，可見他的表現真的越來越棒！

越打越不聽話，該怎麼辦？

小學二年級的佑佑，最近跟爸爸有了嚴重的衝突，媽媽帶著他來請求協助。

原來，佑佑從小被爸爸打到大，犯錯時只要打一打就會乖一陣子。不過隨著年紀漸長，他越來越不怕挨打，因此爸爸下手也越來越重。來診所的前一天，父子倆又爆發口角，當爸爸作勢要打他時，佑佑突然伸出手說：「你打啊，隨便你打啊！打死我吧！」孩子挑釁的言語讓爸爸整個抓狂，沒想到體罰得不到效果，還被反將一軍，面子真的掛不住啊，親子關係也降至冰點。

我個人並不反對適當的處罰，但打小孩到底是處罰孩子，還是讓家長發洩情緒呢？打孩子是要讓他心裡痛，而不是讓他皮肉痛。但是佑佑爸爸每次一發脾氣，就是拿起棍子一頓猛打，很明顯是在發洩自己的情緒。當孩子還小時不知道該抗拒，隨著他漸漸成長、懂事，開始體會到忍一時皮肉之痛，之後就能得到海闊天空。

孩子不反抗，只是認為爸爸打完了，情緒發洩完了，自己也就逃過一劫了。相反地，如果挨打的過程中因受不了而反抗，可能激怒父親，下場一定更慘。其實孩子的言語並非故意挑釁，而是發自肺腑地認為等爸爸出完氣，打完就沒事。

正向管教態度讓孩子變得更好

像佑佑這樣的案例，我們能做的就是鼓勵家長用正向態度來引導孩子，請他們多稱讚孩子。可能一開始爸爸還沒辦法做到，因此不妨由媽媽先開始，像是記錄孩子每天表現如何，有沒有值得稱讚的表現。每天仔細記錄孩子的行為，在家長眼中看到的不再只是讓人生氣的事，或許還會發現孩子有好多值得讚許的地方。當你給予孩子正向的回饋，相信他們也會做得越來越好。

在管教孩子時，我通常建議爸媽要用「不按牌理出牌」的方式。孩子被處罰幾次後，通常都已經知道爸媽會用什麼方法回應，有時還會頂嘴，讓父母的情緒火上加油。當爸媽氣到打不下去，孩子會以為獲勝了，爸媽竟然沒打我耶！這樣的溝通方式只會讓雙方關係越來越糟。

當你想打小孩時，請先暫停一秒，思考一下是否能換個方式？有沒有可能用讚美來取代處罰？轉一下念頭，讓自己的情緒和緩一下。

曾有個媽媽帶孩子來上課時，小朋友不小心把桌上的玻璃杯打翻了，因而激怒了媽媽。當媽媽正要斥責孩子時，我連忙制止，請她先別生氣，換個方法試試。

我說：「你們覺不覺得玻璃杯碎得好棒，不但範圍沒有很大，而且好漂亮、好有藝術感？」

媽媽聽了我的話之後，忍不住笑出來。我稱讚她：「這就對了，妳的情緒放輕鬆了，這時我們才能來引導孩子。」

當孩子做錯事時，家長要做的不是責備，而是引導他們如何去善後。

當杯子摔碎時，你可以跟孩子說：「我們一起來收拾吧！」可以先拿掃把，把危險的碎玻璃片掃掉，接著要求孩子幫忙拿抹布把弄濕的地方擦乾。讓孩子參與善後的過程，他們也能感受到收拾殘局是一件麻煩的事，以後做事就會更加小心。若只是媽媽自己來整理，孩子完全不需要動手，他們也就不以為意，無法從這件事上學到教訓。

教養方式百百種，唯有不按牌理出牌，才能讓孩子不知如何接招。做父母們的要記得，換個想法，才能幫助孩子們走上正軌。

孩子喜歡捉弄人，是有暴力傾向嗎？

小峰上課時老是喜歡捉弄同學，他不是一直摸前面同學的脖子，就是動手拿旁邊同學的文具，搞得大家無法專心聽課。被捉弄的同學回家後也會跟父母們哭訴，家長聽了當然馬上跟老師反應，甚至要求換位置。

老師對小峰的行為感到很頭痛，除了告誡他很多次不能這樣，也不斷跟小峰媽媽溝通，但都沒有效果。

像小峰這種同學眼中的問題人物，每個學校都有，很有可能自己的小孩就是。遇到這種情形，我們不妨先來思考一下，孩子常被老師投訴「會捉弄其他同學」，到底捉弄的意義是什麼？是因為覺得別人不好嗎？還是有其他狀況發生？其實，孩子這樣做很有可能是想吸引別人的注意。

今天孩子在課堂上捉弄其他孩子，未必是要吸引同學的注意，有可能是想讓老師多在意他一些。遇到類似的情況，我通常會請媽媽先試著「忽略」，取而代之的是「稱讚其他的行為」。例如，今天孩子把地上的垃圾撿乾淨，爸媽可以誇讚他這件事做得太棒了！當孩子發現自己做的事情被稱讚，才會領悟到，原來這樣做能獲得大人的關注及讚美，漸漸地，就不會再重複做不對的事了。

當孩子出現怪異的行為先釐清原因

我有個個案是輕度自閉症的孩子，他常會去摸媽媽的頭髮，或者摸媽媽的絲襪，甚至有其他媽媽當天剛好穿絲襪，他也會伸手去摸。孩子這種看似怪異的行為，讓媽媽好擔心，頻頻追問：「我的孩子長大會不會是變態？」

我請這位媽媽先不要太過焦慮，想想看為何孩子會出現這樣的舉動。孩子喜歡「摸」絲襪，表示他需要這種感覺，此外，也有可能是為了吸引大人的注意。我建議她：「當孩子摸妳的絲襪或頭髮時，為什麼不把他抱起來呢？」這樣他能得到觸覺的刺激，也會感覺到媽媽的關注。相反地，如果媽媽嚴厲的阻止，孩子會覺得得到了回應，反而會變本加厲。

如果是發生在學校，家長可以跟老師多溝通，請他幫忙注意孩子為何會一再做這樣的事。是不是跟其他小孩發生了不愉快的事，或只是想引起老師的關注？例如A孩子去捉弄B孩子，先不用刻意把他們二人的位置排開，因為就算隔開，A還是會捉弄下一個孩子，也有可能上課時不會，下課時還是會繼續，問題並沒有真的解決。此時老師可以刻意製造一些機會，讓A去協助其他孩子，例如讓他跟沒帶書本的孩子一起看，或借別的同學鉛筆等。

老師可以多稱讚他：「你看，你好棒，都有幫助別人！」孩子得到讚美，就會知道捉弄別人是沒意義的，以後就會將注意力放在幫助別人，而不是捉弄他人身上。

孩子為什麼喜歡躲在角落搞自閉？

小蓁是個內向的孩子，很少主動跟別人玩，爸媽原本以為她只是個性比較害羞而已。但是有一天，媽媽的同事來家裡玩，看到可愛的小蓁，於是伸手想逗逗她，沒想到孩子竟然嚇得躲到桌子底下！小蓁的反應嚇到了媽媽，客人走了之後，她馬上上網搜尋資料，結果得知自閉症小孩會有人際互動上的困難，只要害怕時就會躲在桌角或牆角，因此很擔心小蓁也是自閉症患者。

自閉症的小孩常常有被過度診斷的現象，因此，我們先來討論到底什麼是「自閉」？大家對自閉的定義可能是：「把自己關起來，不跟他人互動。」這樣的情況只能算是形容，而不是診斷。絕大部分的自閉症患者從小就會有症狀，並不會突然出現狀況。如果孩子突然出現類似自閉症行為，像是喜歡躲起來，請先不要認定他是自閉症，事出必有因，很有可能是發生了什麼事。

例如，換了一個新的環境讓他感到陌生、不熟悉，躲起來可以避免一下子接觸太多訊息。

在感覺統合的領域裡，我們把這類孩子歸類為「觸覺敏感度太高」或「觸覺防禦型」的孩子。他們對於別人的碰觸或有東西接近時感到害怕，躲在牆角或桌下可以背對他人，這樣才能感覺比較安全。

通常遇到這樣的小朋友，我們都會詢問他的家人：「這個孩子平時給誰抱？」很有可能只是爸爸媽媽或主要照顧者抱而已，很少跟其他親戚朋友有肢體上的接觸，因此觸覺敏感度會比較高一些。

從跟別人簡單互動開始

如果家裡有這樣的孩子，建議大家先把他當成天性比較害羞、內向來處理，大人需要更有耐心去引導，才能帶領他們面對外在陌生的世界。

當孩子出現躲起來的行為時，可以先試著拿出玩具來吸引他。我的做法是讓遙控小汽車慢慢開過去接近他，讓玩具的聲音或燈光引起他的注意，當孩子對玩具產生興趣後，試著把小汽車慢慢開離他所在的牆角，讓他一步步走出來。接下來再慢慢引導孩子進入團體之中。

一般人較常犯的錯誤是吆喝大家一起來陪他玩，若其他孩子一擁而上，可能會讓他心生畏懼。通常我會帶著孩子先坐在團體旁邊，靜靜觀察別的小孩在玩什麼？此時只要用眼睛看就好了。接下來需要做的就是等待時機，例如當球滾到腳邊時，可以試著要他把球拿過去給別的小朋友。

有了確實的目標，孩子踏出第一步就會容易一些，因為他只要把球拿過去給另一個小孩，就可以回來坐好，困難度不高。跟其他小朋友有簡單的互動，是一個好的開始，只要孩子發現別人是不具威脅性的，久而久之，就會跟大家一起玩。

有些爸媽擔憂孩子太過害羞內向，將來可能無法跟人好好相處。建議家長們先不要往負面方向去思考。其實個性內向也沒有什麼不好，這樣的孩子在年紀還小時，反而能好好待在家長身邊，接受良好的保護。等到他們逐漸長大，再來想辦法引導他們如何跟別人相處或溝通。

正向思考有助於穩定心緒，進而找出合理、適當的方式，幫助孩子走出自己的小框框。

如何幫孩子改善觸覺敏感問題

現代社會大多是小家庭，孩子從小接觸到的親友可能只有爸爸媽媽或阿公阿嬤，人際網路不像傳統社會那麼多元化，因此也造就了不少觸覺較為敏感的孩子。如果孩子小時候接觸的人太少，從小得到的刺激不夠，長大就容易不願跟人有肢體上的接觸。每當有人親親他、摸摸他時，大腦可能解讀成這是被用力打了一下，感到不舒服。因此，我們必須適度給孩子感覺刺激才行。

建議爸媽們，可以利用洗澡時幫助孩子訓練觸覺。方法是使用不同的工具，例如毛巾、海綿、刷子，讓全身皮膚多一些不同的刺激，對於孩子的觸覺整合發展會比較好。如此一來，孩子比較能處理環境中不同的訊息，情緒也會比較穩定一些。

如何讓孩子願意與他人分享？

每次只要一放假，軒軒就會吵著要去公園玩，因為那裡有好多玩伴，比自己一個人待在家裡有趣多了。去公園玩，可以讓孩子跑跑跳跳、充分消耗體力，還能學習如何跟其他人相處，而媽媽只要在一旁陪著，倒也樂得輕鬆。

出門前，軒軒特地挑了自己最喜歡的玩具——變形金剛，迫不及待地帶著它一起到公園玩。

「咻！咻！你看這是我的變形金剛，它會飛喔！」軒軒向幾個玩伴展示著自己的寶貝。

突然，有個大小孩伸出手搶走他手上的玩具，嘴裡還說著：「變形金剛不是這樣玩啦，我教你！」

看著自己最心愛的玩具被搶走了，軒軒頓時不知所措，只好轉頭向媽媽求救：「媽媽——你看啦，那個哥哥搶我的玩具！」

「沒關係啦，不要那麼小氣，借哥哥玩一下又不會怎麼樣，媽媽不是跟你說過要分享嗎？」

「可是……可是……」軒軒覺得委屈極了，為什麼明明是別人搶走我的玩具，媽媽不但沒有幫忙拿回來，還叫我要分享呢？

這樣的情景，相信所有的爸媽一定都不陌生吧？很多家長跟我說，遇到類似的狀況，我們都有把握機會教育，教孩子如何學習分享，但是他們總是不願意，真的很傷腦筋。

分享，並不是每個人天生就會，而且跟孩子的個性也有很大的關係。大人們都會跟孩子說：「要跟別人分享！」但他們小腦袋瓜裡想的卻是：「為什麼我要分享？」

爸媽們不妨也思考一下，我們為什麼要學習分享？如果以社會發展學的角度來看，人類是一種以生存為目的的動物，為了讓自己生存得更好，因此會把「多的東西」分享給別人。歸根究柢來說，分享是為了讓人際關係變得更好。但是，對於不懂人情世故的幼兒而言，他們為什麼要分享？這些玩具都是他們的珍寶，怎麼可能心甘情願地讓給別人玩呢？請孩子把玩具借給別人玩，對他們來說並不是「分享」，而是感覺東西被拿走了，是一種「給予」。

分享不是給予也有獲得

如果要讓小朋友學會分享，首先先讓他們覺得這是一種「交換」，也就是在分享的過程中，他們也能得到一樣東西，而不是無條件把自己的玩具讓出去。這樣一來，孩子會發現「分享」能讓他們得到實質的物品，慢慢成長之後，他們才能感受到「分享」也能獲得心靈上的滿足。

當孩子年紀還小時，我並不建議家長教他們「分享」的觀念，例如公園裡的那位哥哥想要玩變形金剛，可以跟他說：「那我們來交換你帶來的小飛機。」用這樣的方式，讓孩子學會不只是分享，也懂得怎麼去交換別人的玩具來玩。如此一來，人際關係才能獲得平衡的發展。

分享時要徵得當事人同意

我要提醒爸媽們，一定要徵求孩子的同意之後，才能跟別人交換玩具，而不是在沒有告知他們的情況下，把玩具拿給別人。當孩子的玩具被搶走時，媽媽通常不好意思要回來，就會說：「大家一起分享嘛！」其實，這樣是不對的，媽媽的反應只是在粉飾太平而已。

我們先來假設一種狀況，爸爸的手機放在桌上，孩子想要拿來玩，如果什麼都沒說就直接去拿，大家一定都知道這種行為是不對的吧！如果媽媽跟孩子說：「你要跟爸爸說手機借我喔！」孩子照做了，媽媽說：「你好棒，你都有告訴爸爸！」接著，就把手機拿給孩子。這樣做，是正確的嗎？

不妨想一想，過程中是否少了什麼？沒錯，少了當事人的同意。跟爸爸借手機，當然要他答應後才能拿，怎麼會是媽媽說可以拿就拿呢？

家長在教導分享的概念時，一定要完整，不是只有告知而已，還要對方同意，甚至需要承諾什麼時候會歸還。若孩子真正懂得分享的意義，才會曉得借東西是要徵求對方的同意才行。

正向回饋，孩子更願意分享

如果硬要孩子把東西分享出去，在不情不願的狀況下，得到的都是悲傷難過的情緒。當他覺得分享不是一件好事，以後就更不可能會分享，甚至會把自己的東西看得更緊。此外，並不是發生問題時才跟孩子說要分享，而是應該事先預告：「等一下會遇到很多小朋友，你要大方地把玩具借給別人玩喔！」

當孩子來告訴你：「媽媽，我有把玩具借給別人喔！」也別忘了稱讚他：「你好棒喔，懂得分享，那我們現在來玩別的吧！」孩子會覺得自己分享後不但得到大人的稱讚，還可以玩別的，更能增強分享的動機。

孩子不願分享時勿強迫

我們再回到剛剛的案例，當孩子的玩具被搶時，對方的媽媽沒有作聲，要求自己的小孩把玩具還回來。我們很難去管教別人的孩子，也無法指責其他的家長，但可以引導自己的孩子如何拿回被搶的東西。此時你可以跟孩子說：「你跟哥哥說，那個是我的玩具，請還給我喔！」當然，對方家長看到這樣的情況，可能會說：「有什麼關係，借玩一下而已嘛！」旁人也可能會覺得你的孩子怎麼那麼小氣，都不會分享。

這樣的情況，我稱為：「挑釁的言語」或「情緒勒索」，不要受到周遭的人的影響，此時更應該教導孩子：「以後記得喔，要借東西一定要得到別人的同意才可以！」如果孩子還想玩，也可以教他跟對方說：「我還沒玩好喔，等我玩好再借你。」

想想看，如果有陌生人要跟你借手機，你會借嗎？你會分享嗎？如果對方硬要拿，你一定也會覺得不合理吧。同樣的，我們應教導孩子分享時也要合情合理。有多出來的東西，或有意願分給別人，那才叫做分享。千萬別用大人的角度或大人的價值觀去看待孩子的玩具，認為那只是小東西，沒什麼。如果玩具是花費五、六萬買的，你還會輕易就叫孩子分享嗎？每個玩具對孩子而言都是寶貝，即使價格只有十元、二十元，對他來說也是意義非凡。

PART 2

孩子在學校被欺負，該如何處理？

這是我兒子剛上小學時發生的事，也是許多孩子會遇到的問題。

某天我去接兒子放學，他緩緩地牽住我的手，不發一言，我知道一定有事情發生了。一開始我先故意不問，上了車後，看到兒子緩緩滴下眼淚，我才開口：「要不要跟爸爸說？」

「下課的時候我們在玩鬼抓人，有個同學故意伸出腳絆倒我！」兒子一邊說，一邊撩起了褲管。

我瞄了一眼，輕微的破皮。我問：「喔！你後來怎麼做？」我想聽聽孩子如何解決這個問題。

「我去跟老師說，老師在忙，沒有理我，我就回教室，不玩了！」孩子哽咽的言語中含著憤怒，我可以感受到他的委屈。

「當有人欺負你的孩子時，你會怎麼做呢？」這是前一陣子網路上討論很熱烈的話題。有些家長說：「去跟老師說！」有些家長則贊成還手：「打回去！」如果發生在你的孩子身上，你會怎麼做呢？

原本在家中備受呵護的孩子，在學校碰到被同學欺負，甚至是霸凌的狀況，大腦馬上會以經驗法則來處理，也就是「跟大人說」，在家跟爸媽說，在學校當然就是找老師了。然而老師要照顧那麼多孩子，分身乏術，加上沒有親眼目睹，很可能無法做出正確的判斷，到底誰是誰非就更說不清楚了。不過，當孩子遇到不平等待遇時，讓他默默忍受更是不對，「逆來順受」只會讓那些欺負別人的孩子變本加厲，將來更可能成為社會上的負面人物。

教孩子學會自保

當孩子遇到這樣的狀況時，我們應該教導他如何以合理、適當的方式反擊。

回家後，我把兒子叫過來，給他個擁抱，並且清理了傷口。之後，我對他說：「孩子，請把這句話背起來，『你不要再欺負我了！不然我要打你了！』」並且請他實際練習幾次。

老婆問我為什麼要這樣教小孩？難道真的要孩子出手打人？我說，「當你被欺負了，難道不用反擊？只是反擊要師出有名，必須讓旁觀者搞清楚來龍去脈。」

我教孩子這麼做有二個目的，一來對方很可能被孩子突如其來的這句話給嚇到了，而停止攻擊；二來當老師興師問罪時，才有目擊者可以作證。

由於老師不在案發現場，當下無法釐清誰對誰錯，當他問：「到底是誰先動手的？」霸凌者很可能會辯解：「都是他怎樣怎樣……所以我才打他的！」結果孩子不但受了委屈，而且又被冤枉。如果有人目睹案發過程，情況可能就會有所不同。

「老師，他有叫 ××× 不要再打他了，不然他就要打回去了喔！」簡單的一句話，就能讓老師搞清楚真相，確認是對方先出手的，這樣才能保持孩子的清白。

當孩子說：「××× 欺負我！」

爸媽很有可能回答：「那你就不要跟他玩啊！」這樣做只會讓孩子學會逃避，而沒有真正解決問題。

當孩子長大一些，甚至出了社會之後，面對考試、工作的困難，像是老師的態度嚴格一些或老闆兇了一點，是不是也要轉學、辭職呢？我們應該教導孩子正確地面對問題、處理問題，這樣才能建立孩子完整的人格，而且不至於成為脆弱不堪一擊的草莓族。

孩子吃飯都坐不住，該怎麼教導？

晚餐時間一到，就是小威一家感到最頭痛的時間，他吃一碗飯就像接力賽跑一樣，被大家傳來傳去。全家人包括爺爺、奶奶、爸爸、媽媽全都是參賽選手，大家追著小威跑，無不希望他能多吃幾口飯菜。這場比賽短則一小時，長則兩、三個小時，大人們累得半死，而勝利者永遠是孩子。因為結局永遠是爺爺奶奶怪爸爸媽媽沒把孩子教好，連坐著乖乖吃飯都做不到，而爸爸媽媽則是責怪孩子過於調皮。原本應該是開開心心的晚餐時間，總是被搞得烏煙瘴氣。

有許多媽媽問我：「阿鎧老師，該怎麼讓孩子乖乖吃飯啊？每天追著他跑真的很累耶！」

我們先來聊聊，到底孩子為什麼不肯好好坐下來吃飯。

先搞清楚為何孩子不吃飯

當媽媽張羅好晚餐，大喊：「吃飯囉！」此時孩子正在進行的遊戲可能還沒結束，玩具才玩到一半，怎麼可能放下手邊好玩的事情，乖乖坐到椅子上吃飯？此外，大人每天追著他，上演「你追我跑」的遊戲，也會讓他越跑越興奮、越跑越起勁了！

孩子不肯坐著好好吃飯還有一個主要原因，那就是根本不餓。若孩子正餐沒有好好吃，大人怕他餓著了，所以會給一些零食、點心，如果在吃飯前二小時吃下這些高熱量食物，怎麼可能還有胃口吃飯？孩子沒有按照正規時間用餐，結果下一餐時間還沒到就又肚子餓，吵鬧之後，大人又心軟給了零食，這樣的惡性循環之下，導致孩子餐餐都不肯好好吃。

這樣做讓孩子乖乖吃飯

要讓孩子乖乖坐好吃飯，這樣的訓練絕不是在吃飯時間進行，而是平時就要沙盤推演。

爸媽可以幫孩子準備一個座墊，平時不管是做任何靜態活動，像是遊戲或讀書時，都得把這個座墊放在地上或椅子上，再讓他坐著。我們可以利用玩木頭人遊戲的方式，加強孩子大腦對口令的反應速度與配合度。例如：「一、二、三，坐座墊！」培養孩子一聽到口令就得馬上坐到座墊上的習慣，而如果孩子配合，大人也必須給予讚賞跟鼓勵。

當規則被建立之後，接下來我們就可以用這個方式，養成孩子吃飯時間一到，就乖乖坐在餐桌前的習慣。爸媽們可以將座墊放在餐椅，並且說：「一、二、三，坐座墊！」讓孩子乖乖入座，就算肚子不餓、不想吃東西也沒關係。其間，不管他要做什麼都可以，只要有好好坐著就行。

一開始，他可能還是不想吃飯，先別著急，就讓他坐著畫畫或玩拼圖。孩子一邊玩會一邊觀察大人吃飯的情況。餐桌上不斷飄來的飯菜香，以及吃得津津有味的樣子，都可能刺激孩子的食慾，於是，他可能會說：「媽媽，那個看起來好好吃，我可以吃一口嗎？」不知不覺中，孩子就會開始跟著大人一起進食。

強迫孩子容易得到反效果

孩子喜歡唱反調，當他聽到媽媽不斷說：「你看，這個好好吃喔，趕快吃！」或氣急敗壞地恐嚇孩子：「你不吃就算了，等下我就把飯菜收起來，你餓死好了！」反而越不想吃。

告知孩子要把飯菜收起來是對的，但語氣最好不要帶有情緒。我們可以和緩地說：「你確定不吃了喔？好，沒關係，媽媽先收起來，下一餐飯要等到晚上六點，還要很久喔！你等一會不要玩得太累，不然沒東西可以吃喔！」讓孩子試著承受飢餓，但也不要真的餓著。媽媽可以算一下時間點，例如孩子中午沒吃，到了下午三、四點時喊餓，差不多二個小時後又可以吃晚飯，差不多給他二片餅乾就夠了。如果是下午一、二點左右肚子餓，差不多還要三、四個小時才能吃晚飯，可以多給他一杯牛奶。別忘了，在給餅乾前可以加一句：「媽媽在家裡找了很久，才找到這一小包餅乾！」讓他覺得食物得來不易。否則只要一喊餓，馬上就有餅乾可以吃，下次就會有恃無恐。

晚飯前，媽媽可以再問他：「剛剛肚子是不是很餓？你等一下還要餓肚子嗎？冰箱裡沒有餅乾跟牛奶了，如果你不吃飯，晚一點只好餓肚子了！」

訓練孩子乖乖坐著吃飯，可能需要一段時間才可能成功，家長追在孩子後面跑得越久，需要的時間也就越長，因此更要有耐心、積極地訓練。如果不想再因為孩子沒乖乖坐好吃飯，就搞得全家人仰馬翻，請從今天就開始訓練吧！

字寫不好看，是握筆姿勢不好？

洋洋個性比較急躁、衝動，屬於過動兒，從幼稚園開始，媽媽就帶他來找我治療。由於洋洋爸媽之前都在處理孩子的情緒問題，比較無暇關心他的學業，一直到升小學二年級時，才注意到他的字跡很潦草。

我覺得字是用來溝通的，只要看得懂就行，美醜不是那麼重要，但洋洋爸媽對這件事一直耿耿於懷，怕孩子將來會吃虧，尤其作文成績可能會受影響，因此要求我幫忙調整。

我請他們帶孩子的作業簿過來，並且當場讓他在大小不同的格子裡寫字，觀察字的位置是否有所偏移。在寫字的過程中，我發現一個重要的問題，原來洋洋是以「握拳」的方式在握筆。由於握筆姿勢不正確，雖然寫在作業本上的字不會過大或過小，但會變得有些潦草，筆畫該連接的沒連接，直角變成圓角。

洋洋的爸媽馬上說：「阿鎧老師，你看他握筆姿勢跟大家都不一樣！」當時我也覺得洋洋的握筆姿勢的確應該改變，因此慢慢引導他用握筆器練習如何正確的握筆，並且帶著他用對的姿勢，一個字、一個字慢慢地寫好功課。

因為孩子已經習慣用握拳的方式來握筆，要矯正過來是一條辛苦又漫長的路。一段時間後，洋洋受不了了，跟媽媽說再也不要來上課，但被媽媽拒絕了。

洋洋又問：「要怎麼樣，我才能不用去上課？」

媽媽說：「只要你把作業上的字寫好，就可以不用去了。」

有一天，洋洋來上課時，我發現他的神情跟平時不太一樣，是一種認真到眼睛會發光的感覺。他自己乖乖地坐著寫功課，寫出來的字就像刻鋼板一樣，每個字都中規中矩，十分漂亮。不明究裡的我，以為他進步神速，於是跟媽媽說：「已經很不錯了，可以不用再練了！」

洋洋媽媽也說：「他一直吵著不要來，既然字有進步，那就先暫停治療，回去我再讓他持續練習。」沒想到，二週後我接到洋洋媽媽的電話，抱怨孩子的字又變醜了，此時我才知道原來之前媽媽承諾過他，只要字寫漂亮就可以不用再來的事。

我稱讚洋洋真是聰明，並且問媽媽：「是否要再讓他回來治療？」她想了想說：「孩子既然不願意去，不如就先在家練習看看吧！」

有好長一段時間，我都沒有接到洋洋的訊息，再見到他時，他已經升小學三年級了。

寫字的壓力讓孩子想逃學

從洋洋媽媽口中我得知，這段期間，洋洋的字一直都沒有變得好看，他不但回家不想寫功課，甚至不想去上學。最讓媽媽苦惱的是，只要遇到有國文的那天，孩子就會故意不帶作業回家，因為這樣就可以不用寫功課了。不過，隔天到了學校，老師還是會逼他補寫，但老師一個人要照顧全班的小朋友，根本沒空管他握筆姿勢正不正確。

這件事也讓我不禁思考，想要把字寫好，是否一定要矯正握筆姿勢？洋洋在矯正的過程中，因為像刻鋼板一樣，寫字時需特別用力、特別累，花的時間也會特別長，所以才會動腦筋去想怎麼才能不用寫作業，而不是想辦法去把字寫好。我覺得這是一種本末倒置的狀況。於是我跟洋洋媽媽商量，是否能讓他順其自然？就用他最習慣的方式來握筆？因為讓他願意寫字才是最重要的事。只有願意寫，才能慢慢地把字練好，也才有機會把字寫得漂亮一點。

因此，我們讓洋洋「反其道而行」，回到原本握拳的方式來握筆，過程中如果換姿勢也不用特別理會。

孩子喜歡跟家長唱反調，一直叫他用正確姿勢寫字，就是不願意，但叫他換回原本的姿勢，他又會覺得：「我才不要聽你的咧！」

經過訓練，洋洋到了四年級左右，字漸漸寫得不錯了。這件事也讓我意識到，我們浪費的不是小三到小四這段摸索的過程，而是之前強迫他改變握筆姿勢的時間，一直在逼孩子去做一件吃力不討好、根本不需要改變的事。

字是用來溝通的，就像去餐廳吃飯，仔細觀察一下，你會發現大家拿筷子的方式未必都一樣，但這一點也不重要，只要能挾起食物就沒問題，誰規定一定要用同樣的姿勢吃飯呢？

找出字寫不好的真正原因

如果孩子還未滿六歲，那麼拿筆就該是件好玩的遊戲，別急著要求他寫字。當孩子已經大了，開始需要練習寫字，甚至已經寫了幾年，卻始終寫不好時，不妨從以下幾點來考量：

1.大關節是否穩定

當孩子走路的時候，觀察雙手擺動的幅度，如果像是廟會中的大型神像人偶，從肩膀、手肘到手腕都完全隨著走路而鬆垮垮地擺動，這就顯示肩膀的穩定度不夠。當這些大關節的穩定度不夠，就無法流利地運筆寫出好字了。

2.精細動作是否靈巧

孩子在玩小物件的玩具像是積木時，是否能夠有效率地組裝，這需要靈巧的精細動作及手眼協調。如果表現不佳，在寫字時常會無法把字寫在格子內，甚至每個部位都會出錯。

3. 視覺辨識是否快速

寫字不單單是手部動作，視覺也占了重要角色。不妨觀察孩子對於看到的東西是否能夠快速辨識，尤其是對於馬路上的招牌或指標是否會辨認錯誤？如果辨識的反應較慢或出錯，寫字時速度將會較慢，也可能會容易寫錯字。

4. 坐立姿勢是否正確

孩子上課或寫作業時會怎麼做？是將胸膛挺直，還是用手撐住下巴？或是整個人趴下來？如果孩子容易彎腰駝背，這表示孩子的肌肉耐力不夠，一旦坐不住、坐不久，自然就沒有辦法好好寫字了。

5. 握筆姿勢是否合適

當孩子沒有以上的問題，而每次寫字都讓媽媽感到不滿意，那麼就可以評估孩子的握筆姿勢是否適當。事實上並沒有所謂的「正確握筆姿勢」，但是卻統計出有幾種較為合適的握筆姿勢，父母不妨都帶著孩子嘗試看看，讓孩子決定哪種握筆姿勢較適合。

若孩子有以上幾點問題，應該尋求專家的協助。而針對「拿筆寫字」這件事，其實只要記得「握筆要早，寫字要晚」的原則，就能幫助孩子快樂書寫、輕鬆學習，達到正常發展的結果。

男生喜歡玩洋娃娃有問題嗎？

在談孩子的性向問題之前，我想先跟大家談談前陣子發生的新聞。有一名網友教十一歲的兒子打毛線，引人議論紛紛：「為什麼不玩男生的玩具？」結果這位版主媽媽霸氣地回應：「正義魔人正義個屁！」

同樣地，我也想說：「孩子喜歡打毛線，到底是礙到誰了？？是不是正義魔人自己不會打毛線，所以也不讓人學習打毛線？」回想一下，我們童年時最愛看的卡通《哆啦A夢》，劇中的主角大雄不是一天到晚翻花繩？正義魔人們看了一定很想砸電視吧！

男孩打毛線遭受旁人批評，其實這不只是新聞事件而已，在孩子的成長過程中，周遭的人常以傳統性刻板的性別角色，來看待孩子的行為。當小男生抱著洋娃娃不放時，可能會說：「男孩玩什麼洋娃娃啊，好娘喔！」小女生玩小汽車時，也會有人問：「這是男孩子玩的，妳幹嘛不玩芭比娃娃啊？」為了怕被別人嘲笑，家長可能因此限制孩子這個不能玩、那個不要碰！

其實，我們應該從孩子發展的過程來看，為什麼小女生會想玩汽車？那是因為她想看到視覺會動的東西，而小男生喜歡玩洋娃娃，也是因為能得到觸覺的刺激。家長與其擔心孩子性向的問題，不如多往好處想。例如，小男生喜歡照顧洋娃娃，將來跟異性交往時會比較溫柔，比較懂得異性的想法。喜歡玩洋娃娃的男生，也比較會體貼媽媽。

孩子玩玩具或遊戲時，往往不只是好玩而已，還透露出內心的想法。尤其扮家家酒更是很棒的遊戲，它不只是有趣而已，小朋友在玩的過程中，家長不妨細心觀察，因為很可能投射出孩子內在的想法。例如，孩子覺得爸媽某件事做得不對，明明很想生氣，但卻又不敢，玩扮家家酒時可能會說：「我要打壞爸爸！」

聽到這樣的童言童語，先別急著生氣，請先仔細追問孩子為什麼這樣說。此外，扮家家酒也能讓孩子發揮天馬行空的想像力，藉由各式各樣的角色扮演，不但能增進社會化能力，對於認知發展也很有益處。

先不論男生適不適合打毛線這件事，只單從打毛線的功能來看，好處多到讓一群正義魔人不斷被打臉。

1. 手眼協調能力：眼睛要和手配合，毛線才能穿對位置。
2. 雙側協調能力：兩隻手要能夠交互運用，才能完成作品。
3. 視知覺能力：眼睛必須要能夠看清楚毛線的排列，才有助於下一步動作，或是找出錯誤的地方。
4. 記憶力：打毛線需要記住步驟，這就不用贅言了。
5. 肌耐力：想打出成品，不只身體肌肉要能維持坐姿，雙臂也要有足夠耐力，才能讓雙手協調動作。
6. 精細動作：要能好好的運作器材，雙手一定要靈活。

7. 專注力：不專心怎麼能打出好成品呢？

大家一定很訝異，原來在學打毛線的過程中，可以訓練這麼多能力，而這些不明究裡的正義魔人，卻偏激地認為打毛線是女生做的事，男生不應該學，我必須說：「這些喜歡隨便評論別人的人，才是阻礙兒童正常發展的魔人！」

二十多年前，我考入高雄醫學院職能治療學系，在大學四年過程中，學習了打毛線、十字繡、甚至是烹飪，從這些學習當中，我們可以體會到各種動作所使用的肌肉群、了解完成作品所需要的記憶力，甚至還能體會身心障礙者無法完成任務的心情，這對我們同理病患、訓練技能有很大的用處！我甚至還以身處在「醫學院裡的家政系」為榮呢！

大腦尋找出路有助獨立思考

從這個新聞事件中，我們還可以來談一下「自主權」這件事。不論從心理學或生理學的角度來看，有個能力叫「內驅力」，也就是驅使個體產生一個行為的能力，例如肚子餓了會找東西吃，睏了會找個地方睡覺。不只人有內驅力，包括動物也有，我們常看見野貓會自己找路邊的野草來吃，那是因為它們需要纖維質，這樣才能維持健康。如果以這個理論來看，孩子會自動地學習打毛線，也是大腦尋找自我成長的出路，是「內驅力」讓他的「自主權」決定要做哪些事，這樣長大之後，才有獨立思考與解決問題的能力！當然，「自主權」的運用不是無限上綱，但是這得由各家長自行決定，旁人是無法給予意見的。

孩子為什麼不跟其他孩子玩？

小棋是家裡唯一的孩子，由於活潑可愛，加上嘴巴甜，阿公阿嬤都非常疼愛他。

小棋媽媽覺得這個兒子就好像開心果一樣，非常會討大人的歡心。原本以為這樣的個性，跟其他小朋友應該也會很合得來，但沒想到每次帶他去公園或親子館玩，不是黏著媽媽不放，就是窩在角落裡自己玩。

媽媽覺得這樣不是辦法，於是不斷催他：「去跟其他小朋友玩啊！」但小棋總是不為所動。觀察了一陣子之後，媽媽越想越心急，於是更加著急的催促他：「你看那個妹妹好棒啊，她都自己去找那個哥哥玩，你也去嘛！」原本想鼓勵他，沒想到小棋聽了後變得更加彆扭，竟然生起悶氣來了。

我經常聽到媽媽們說：「我的孩子在家很活潑，喜歡爭強好勝，甚至會欺負哥哥姊姊，但是一出去就遜了，總是黏著大人，變得很膽小！」這個時候，家裡的長輩就會半開玩笑地說：「這孩子就是『窩裡橫』，在家一條龍，外面就一條蟲。」

在熟悉的環境裡面，大多數的人都會感到比較自在，而到了新的環境中，都需要一個適應的過程，孩子也是一樣的。在一定範圍內是合理的，但是當孩子對新環境表現出過度的敏感、緊張和抗拒，跟在家裡的表現截然不同時，爸爸媽媽就應該開始重視「窩裡橫」的問題了。

經驗不夠讓孩子無法跟人互動

大部分孩子不會跟人互動的原因，在於經驗還不夠，不知怎麼踏出第一步。由於整個社會受到少子化的影響，孩子從小到大互動的對象，幾乎都是大人。小孩跟大人互動的過程裡，家裡的長輩往往都會聽他的，但是當他到外面跟其他小朋友一起玩耍時，發現跟過去的經驗全然不同。

現在很多家庭都只有一個小孩，人人都是家中唯一的小霸王，集三千寵愛於一身的孩子，家裡總是有一堆玩具任他挑選，愛玩哪個就選哪個。但是到了親子館裡，所有的小孩需一起分享玩具，不是他想要什麼就能拿得到，無法像在家裡一樣為所欲為，這樣的經驗會讓他感到挫折或生氣。跟別的小孩交手時留下了不好的印象，也會讓他從不知怎麼跟別人互動，變成不敢跟別人互動。

不過爸媽別太擔心，因為這是小孩成長必經的過渡期。我通常會建議當孩子年紀還小時，最好能有伴可以一起玩，即使是打打鬧鬧，對將來的人際關係發展都是有益的。

對於不知如何跟外人互動的孩子，一開始先讓他用眼睛「觀察」，看看別的小朋友都是如何互動的，這樣才有勇氣跨出第一步。家長能做的就是「引導」，比如我會請媽媽帶著小朋友跟其他孩子一起玩，過程中我們不會特別理會他，讓他先用眼睛看。等到比較好的時機出現時，例如球跑掉了，我會請這位小朋友去幫忙撿球，撿回來後，可以跟他說：「你可以幫我把球拿給哥哥嗎？」當小朋友願意把球拿給別人，就有了第一步的互動，他也會感覺跟人互動其實並不難嘛。接著，我會跟哥哥說：「哥哥，把球丟給弟弟吧！」利用單純接球、丟球的動作，不知不覺之中彼此就有了互動，甚至是對話。

面對壓力時，孩子很容易就會開始退縮，因為他的生活經驗還不多，當然也就沒有能力去思考解決的方法，乾脆退縮。例如，別的小朋友不跟他玩或搶走玩具，他不知道該怎麼辦，於是默不作聲。另外，問題也可能出在媽媽身上，像是強迫孩子分享或強迫他要有禮貌，面對別人時一定要講哪些話或有哪些行為，當事情變得太複雜、壓力太大時，對孩子而言，跟人互動變得不愉快，自然不會想繼續下去。最好的做法是媽媽學會放輕鬆，讓孩子跟其他小朋友一起盡情地玩，只要在一旁注意安全問題就可以了。

遇到突發狀況時，也不用刻意說：「好啦，不要玩了，你看哥哥都打你了！」我們只要提醒他：「注意安全，不要撞到別人的拳頭喔！」讓孩子感受到自己也有責任。

在成長的路上，人際關係的發展對孩子來說是相當重要的，藉由跟同儕的互動，觀察及學習別人的優點，能夠幫助他們融入人群。

孩子窩裡橫也可能是感覺統合出問題

感覺統合就是利用自己的感官從環境中獲取資訊、輸入大腦，大腦再對其資訊進行加工處理，並作出適應性反應的能力。感覺統合失調，將會不同程度地削弱人的認知能力和適應能力。

現代家庭中，高達85％的孩子有感覺失調的問題，其中約有30％的兒童為重度感覺統合失調。感統能力較差的孩子在與外界接觸的時候，對周遭資訊的整合能力比較差，對環境的適應就會比較慢，所以當他們走出家門、進入到一個新的環境時會變得敏感、謹慎甚至害怕，表現出跟家裡不一樣的一面。

所以，爸爸媽媽們在孩子小的時候，就要有意識地加強孩子的感覺統合能力。比如讓孩子盡情地翻滾；用刺球（觸覺球）在孩子身上進行滾動刺激，用軟毛刷在孩子皮膚上進行各種輕重、順序不一的刷動；還有全身皮膚的撫觸、按摩、腳底按摩，或者蒙上寶寶的眼睛、讓寶寶用手觸摸不同的物品，讓他們猜猜是什麼東西；也可以讓孩子體驗冷、熱、軟、硬等不同感覺的東西。

孩子看到喜歡的東西就拿，該如何糾正？

安安的媽媽帶著她來到便利商店，選購了原本要買的東西之後，她趁著店員正在結帳時，突然一隻小手偷偷伸了出來，企圖把一包巧克力混進正等著刷條碼的商品裡。

「不行喔！我們沒有要買這個巧克力！」媽媽開口阻止安安的行為，並且把巧克力拿給她，要她放回架上。

「我要買！我要買啦！」安安大聲叫著，再度把巧克力放回櫃檯。

「妳這樣不行啦！」媽媽嘴裡雖然這麼說，但轉頭看見後面還有好幾個人在排隊，擔心會影響別人結帳，半推半就之下，就讓安安闖關成功了。

「下次不可以再這樣喔！」結完帳之後，媽媽試著跟安安約法三章，她正沉浸於詭計得逞的喜悅中，於是不假思索地爽快答應：「好，我知道了！」

原本以為安安會聽媽媽的話，但卻是左耳聽、右耳出，下次當她們再去便利商店、超級市場時，又再一次故計重施，而且還變本加厲，只要能揩油的地方，絕不放過。

對於安安的行為，媽媽越來越苦惱，她在意的當然不是多了一筆購買商品的支出，而是孩子看到喜歡的東西就一定要買，或者直接拿了就走，真擔心等她長大一點會不會以為想要的東西就能拿，甚至開始偷東西呢？

安安的問題，相信很多有小小孩的家庭都曾遇到過，首先我要安慰一下安安的媽媽，先不要把事情都往壞的方面去想，而是應該感到欣慰，孩子怎麼那麼聰明，竟然懂得察顏觀色，會選在最適當時機把想要的東西放進去。想想看，如果是挑選商品的時候，孩子說要買，相信大部分的家長都會直接拒絕吧。

既然孩子這麼聰明，我們就要比他更聰明才行！

出門前先討論購物清單

想要避免孩子這種脫序的行為，就要先跟他把規則說清楚。去超商之前，我們可以先跟孩子討論「今天是要買什麼」，並且告訴他：「等會誰先拿了不該拿的東西就犯規，犯規要被處罰喔，要唱歌給對方聽（或任何孩子不敢做，大人做起來無所謂的事）！」

一開始，爸媽可以故意拿錯，本來說好只買可樂，但又順手多拿了一罐果汁。孩子看見後會馬上糾正：「爸爸，你犯規！」

「對啊，我怎麼拿錯了，好，我唱歌！」

孩子知道多拿東西這種行為不對後，以後就不會一直要求父母買。

還有一個方法，則是帶孩子去熟識的便利商店，並且事先跟店員打過招呼，當孩子又拿了不該拿的東西時，可以跟店員說：「這些是我的，那個玩具是他的，他自己付錢喔！」

店員會問：「弟弟，你有錢嗎？」爸媽可以再補上一句：「這個要十元喔，你有嗎？沒有的話，要請老闆先收回去了喔！」讓店員把東西直接收走，孩子就不會再任性要求了。

孩子開始學會說謊怎麼辦？

「媽咪，今天老師說要叫你買蝙蝠俠的玩具喔！」

桐桐的話，讓媽媽聽得一頭霧水，為什麼老師會要求她買玩具呢？雖然直覺事情有異，但她還是不動聲色，繼續聽兒子說下去。

「是喔，為什麼呢？」

「因為我們上課要用啊！」

「上課要用蝙蝠俠的玩具？」

「對啊，小敏都買了喔！」

聽到這裡，媽媽大概心中有譜了，原來是兒子看到同學有新玩具，於是假傳老師的聖旨，想要騙媽媽去買。

「好啊，那明天我去學校時問一下老師，看買什麼樣的蝙輻俠玩具才對。」

聽到媽媽這樣說，桐桐開始緊張了，生怕自己說謊的事被拆穿。

「沒有啦，剛剛是我亂說的，我只是在想像而已！」

幾乎所有的家長一發現孩子說謊時，直覺反應都是憤怒，責怪他為何不誠實。我想建議所有的爸媽們，先別急著否定孩子的行為，先靜下心來想想，為什麼他會說出跟事實相違背的內容？往好的方面去想，表示他的腦袋越來越靈光，也變得更有創意或懂得趨吉避凶。因此，當孩子第一次說謊時，你應該為他長大了而感到高興，他已經懂得為了爭取自己想要的東西，必須動腦筋去想辦法。

找出孩子說謊的問題核心

當然，我們還是要讓孩子知道，說謊這件事是不被允許的，並且引導他說出為何說謊的理由。例如，裝可憐騙媽媽：「老師打我。」目的是為了不去上學。孩子問題的核心是「不想去上學」，因此，我們要處理的是：「孩子為何不想去學校？」此時他可能會說：「因為老師太兇了，一直罵我，所以我不想去！」對此，家長應該想辦法多跟老師溝通，才能化解孩子的心結。

我記得兒子第一次說謊是在三歲時，那時他自己跑進房間裡，為了想要在床上跳，就把堆在上面的衣服全推下床。當我進房間找他時，發現地上全是衣服，馬上問他：「為什麼衣服會在地板上呢？」兒子聽了不假思索地回答：「是媽媽丟的！」雖然當下我知道他說謊了，但沒有因此而不悅。我接著又說：「哇！你看這些衣服堆得好漂亮，不曉得是誰那麼厲害弄的？」

「是我啦，爸爸！」兒子聽到我的讚美，馬上不打自招承認是他做的。接著我再追問他：「為何要把衣服推下去？」

兒子說：「因為我要跳床！」

我知道事情的緣由後，只是告訴他：「你下次不能把衣服推到地上喔！」接著才跟他溝通不能說謊這件事。

想想看，如果當時我一進房間就破口大罵：「你怎麼把衣服亂丟一通！」情急之下，孩子可能會接二連三地否認是自己弄的。當你發現孩子說謊後，應該先用幽默的方式對待，這樣他原本擔心會被責罵的心情，也會跟著鬆懈下來。唯有想辦法拉進親子之間彼此的距離，接下來才有和孩子溝通是非對錯的空間。

PART 3

孩子，你想說什麼？
解讀孩子情緒背後的意義

PART 3

孩子為何那麼愛生氣？

媛媛是個脾氣不好的孩子，任何事只要一不順她的意，就會忍不住開始生氣，甚至亂丟東西或打人來表達心中的不滿。

媛媛媽媽帶著她來找我，問我：「阿鎧老師，如何才能讓她不要那麼愛生氣？」

我回答：「要讓孩子不要生氣的第一步，就是讓她生氣！」

她聽了之後一頭霧水，問我：「我就是不想要她亂發脾氣，你怎麼說要讓她生氣呢？」我跟她解釋這樣做的目的，並且在得到她的同意後，開始想盡辦法惹孩子生氣。

我讓媛媛先生氣，是為了接下來教導她如何緩和自己的情緒，以及告訴家長如何處理正在發脾氣的小孩。例如，孩子摸桌上的教具時，我會故意學媽媽慣有的語氣：「妳在幹什麼？誰說妳可以去摸的？妳再摸一下試試看！」

孩子聽到這些話後，可能會開始哭鬧，甚至亂丟教具，此時我知道自己的目的達到了，就會開始引導她。除了讓孩子不生氣之外，還要讓他們懂得發洩情緒，以及犯錯之後學習善後。

讓孩子自己收拾殘局

面對喜歡亂發脾氣、亂丟玩具的孩子，媽媽可能會一邊收拾一邊碎碎唸，既對孩子的行為感到生氣，但又不斷承受著他們的情緒煎熬。我總是告訴這些媽媽們，這樣的做法，痛苦的是自己。與其心不甘情不願地幫孩子善後，不如就讓他們丟吧！不過記得告訴孩子，玩具是你的，丟壞了就沒有了。

任何人在情緒上來、帶著怒意時，根本聽不進去別人的話，因此我們要讓孩子的情緒先得到疏解。孩子經過大哭大鬧後，情緒會稍微緩和一些，通常會轉為啜泣，此時我就會牽住他們的雙手，一方面給予觸覺刺激，這樣做有助於緩和情緒，同時也能避免他們亂跑。

孩子可能一開始眼睛不會看著我，但我會安撫並且給他們指令：「好了，不哭了！」當他們啜泣的情況逐漸停止，我會稱讚他們：「不哭了，很棒！」目的是給予正向的鼓勵。

接下來，孩子必須學習用語言表達情緒，我會試著問：「剛才怎麼了？」讓孩子慢慢地說，我也會協助他們把表達不足的地方說出來，之後再請他們說一次。等情緒完全緩和，心情也舒服一些，再帶著他們收拾丟了一地的玩具。

這樣一來，孩子該宣洩的情緒宣洩完了，也學會了語言表達的方式，同時也懂得收拾及整理玩具。此時他們也體會到，原來哭鬧完還要整理玩具，以後就比較不會亂發脾氣或闖禍了。

八歲前大腦尚未發育完成，較難自我控制脾氣

亂摔東西、頂嘴、情緒反應很大……這些孩子亂發脾氣的行為，真的令家長感到頭痛萬分。其實，這個問題是跨文化的，我們常聽人說「恐怖的三歲」，這個說法最早源於美國，可見三、四歲這個階段的孩子最容易情緒不穩定。而讓孩子發怒的事，在大人眼裡幾乎都是小事一樁，因此家長們會很擔心將來小孩長大了，會不會因為情緒或脾氣控制不好而人緣不佳。

從腦部發展的過程來看，八歲以前的孩子因為大腦結構還沒發育完成，所以較難控制自己的脾氣。如果您的孩子也有愛生氣或亂發脾氣的問題，不妨參考以下改善方式：

1. 挫敗感與期待落空

這個時期的孩子無論行動上或語言上都比以前進步很多，因此會對自己

有較高的期許，希望能做得又快又好，但也因為過高的期待與實際上的落差而讓他們對自己生氣，因而有了各種各樣的發洩方式；還有一些孩子則是一些內心願望沒有達成而感到不滿。

改善方式

當孩子因此發脾氣時，家長先不要責備他，請用肯定及讚美來取代負面的批評。我們可以告訴孩子：「你剛剛好努力，真的好棒喔！」當孩子情緒冷靜下來之後，鼓勵他再試一下，爸媽也可以適時幫一點小忙，接著再教導他就算生氣也不可以摔東西，而是應該用說的。

三、四歲的孩子懂的詞彙還不多，我們可以試著幫助他說出自己的情緒及想法，並且告訴他，你了解他的心情。此外，我們可以跟孩子一起嘗試其他較不具破壞性的宣洩方法，並且讓他知道，讓他人理解自己的怒氣，並不是只有傷害他人或物品的方式而已。

至於期待落空的部分，則可以一起討論替代的方法，或者告訴孩子，雖然現在不行，但這個期待什麼時候是可以達成的，在表明辦不到之前也需要同理他的感受。但是答應孩子的事情就一定要做到，既有的規則也不要隨意更改。另外，告訴孩子一些他能力可及的替代方案，也是不錯的方式。

2. 有樣學樣

孩子的行為常是模仿他人，一種常見情況是看到其他孩子只要哭鬧就能得到自己想要的；另一種情況則是仿效自己的家長。如果父母跟孩子說話時總是用大聲或生氣、命令的口吻，孩子會誤以為這樣說話的方式才是對的。此外，孩子會想追求平等，因此會呈現別人怎麼對他、他就怎麼回應的狀態。還有一種情況是孩子預期等一下會被罵，於是先採取生氣的方式來「先聲奪人」。

改善方式

如果只是模仿其他小朋友，家長要做的就是採取冷處理的方式，一段時間之後孩子就會知道這樣做是沒意義的，漸漸地就不會再亂發脾氣。如果問題是出在家長身上，那麼爸媽應學著採取較溫和的方式來和孩子溝通，包容他的負面情緒，並且協助他以合理的方式將情緒宣洩出來。

3. 擔心父母的注意力轉移

如果家中有新成員加入，尤其是媽媽生了弟弟或妹妹之後，孩子可能會擔心新來的成員奪走大人的關注，或害怕父母不再像以前一樣愛他了。此時，若孩子發脾氣時被責備，他更會感覺到自己不再被寵愛，反而會表現出更多不討喜的行為。

改善方式

爸媽可以試著撥出一點時間跟孩子相處，並且給予足夠的注意力及讚美，讓他知道，父母對他的愛並沒有隨著家庭新成員加入而減少。

4. 生理因素

沒吃飽、吃太多甜食、沒睡飽、作息安排不當、運動時間太少、休息太少、天氣太熱、身體不舒服等等也可能是原因，這時需要的就是幫助孩子調整作息時間與飲食，等身體狀況合適了再繼續學習，對他來說會比較有幫助。

孩子情緒失控時該怎麼安撫？

孩子有情緒是正常的，大人也是一樣，當你生氣或怒火中燒時，不論別人如何安撫，應該也很難冷靜下來吧？

我把孩子的哭鬧行為視為一種求救訊號，因為他不知該如何處理一些突發的狀況。當孩子情緒慌亂時，他們不知道如何用語言來表達，因此用「鬧情緒」的方式來傳達不高興、不滿，甚至需要協助的訊息。

當小孩哭鬧不休時，家長通常只會注意孩子的情緒表現，反而忽略原始的問題。為了讓孩子安靜下來，爸媽會說：「不要哭啦，這有什麼好哭的！」孩子不斷的哭鬧聲讓家長更生氣、更煩躁，當孩子敏銳地察覺到大人的反應，也會哭鬧得更激烈。此時，爸媽的理智可能會斷線，開始破口大罵，或失控打小孩。

請把孩子的哭鬧聲當成一種撒嬌，它們傳達的訊息是：「媽媽，請幫幫我！」此時媽媽除了安撫孩子的情緒之外，更應該去了解到底發生什麼事，引導他正確的做法。當孩子情緒失控時，告訴他「不要哭、不要哭」，大腦不斷地接收相同的訊息，重複刺激後，有助於讓孩子安靜下來。

按壓合谷穴轉移孩子的注意力

在一些公眾場合，當孩子們為了達到目的，可能會使出躺在地上打滾或大哭大鬧這招，相信這也是令很多爸媽們頭痛的狀況。孩子故意鬧情緒，藉此向父母勒索想要的東西，父母當下的問題並不是要不要買給他，而是如何處理他的情緒，並且想辦法將他帶離現場。

很多媽媽會說：「硬把他拖走，他會哭鬧得更激烈，很丟臉耶！」每當遇到這樣的情形，爸媽們首先想到的是一把將孩子拉到廁所或外面，此時孩子也會拚命使力阻止，怎麼拉也拉不動。在拉扯之下，憤怒的大人不斷的斥責孩子，甚至動手打他，而孩子則是不顧一切地大聲哭鬧，讓場面頓時失控。

在此我要教媽媽們一個能把孩子帶離現場，又不失優雅的方法，許多父母們都曾跟我回報，這招真的很有效喔！

當孩子又開始耍賴哭鬧時，媽媽們請冷靜的牽起孩子同一側的手（例如用左手牽孩子的右手），此時拇指用力按壓孩子的合谷穴（虎口靠近食指的地方）。對中醫稍微有概念的人都知道，合谷穴對身體健康相當有益，可說是有病治病、無病強身的穴位，更重要的是，按壓合谷穴時會感覺非常酸、麻、痛，孩子的情緒一旦被痛覺轉移了，會暫時忘記哭鬧，可以趁機拉走。

「好痛！好痛喔！」通常孩子會不斷哭訴不舒服，媽媽們請記得，要一邊拉著他走，一邊安撫：「我們趕快到旁邊就不痛了喔！」把孩子帶到一個沒有人注意的地方，像是樓梯間或廁所，之後再慢慢緩和他的情緒，另一個目的也是讓他看不見想要買的東西。

從外人的眼裡看來，做媽媽的沒有帶著怒氣的打罵聲，冷靜又成功地帶走一個哭鬧不休的孩子，一定會對這種處理方式相當讚許吧！

對於哭鬧、完全聽不進別人說話的小孩，有些家長會用利誘的方式，例如：「別哭了，我帶你去吃冰淇淋吧！」或「你只要不哭，我就買玩具給你。」這樣的做法不可行，它會讓孩子食髓知味，以後只要有想吃、想玩的東西，又會使出哭鬧不停這招來，難以收拾。

孩子哭著不去上幼稚園，該如何解決？

「媽媽，我不要去上學！」

「妳為什麼又不想上學?!」

「因為……因為……我生病了，頭好痛！」

「妳沒有生病，趕快走吧，快遲到了啦！」

上學的路上，蕾蕾眼眶含淚，不斷跟媽媽哀求著不要去上學。媽媽雖然心疼，但覺得只要縱容她一次，下次又會吵著不去，這樣下去總不是辦法。每天早上都要上演一次相同的劇碼，實在令她很頭疼。尤其是快到幼稚園門口時，蕾蕾的情緒反應會變得特別大，好幾次都是老師出來，強行抱著她進去。

看著女兒一把眼淚一把鼻涕地進校門，蕾蕾媽媽心裡有種說不出的滋味，上班的路上心情總是相當低落。趁著工作的空檔，她傳簡訊問老師蕾蕾上課的情況，得到的答案都是：「她很好呀，媽媽一走就不哭了，而且很快跟其他小朋友玩在一起了！」

蕾蕾媽媽覺得很苦惱，為什麼蕾蕾每天上學前都要哭鬧呢？這種行為要持續多久呢？

為何孩子不想上學？

如果上學時間到各個幼稚園走一圈，應該會看見不少跟蕾蕾相同的畫面。有些孩子是爸爸開車送去，到了校門口怎麼也不肯下車，有些則是抱著媽媽不肯放，經常都要出動老師來抓人才行。

有太多的因素讓小朋友不想去上幼稚園，但家長總會站在幾個角度去想這件事：「孩子遲早要學習，怎麼樣也得讓他去！」「我趕時間上班，你趕快進去吧！」或者認為是因為分離焦慮，讓孩子不想離開媽媽。

常有媽媽跟我說，孩子在家裡談到幼稚園上課的情況都好好的，還會說在學校跟誰玩，學了些什麼，但只要一帶他出門就心不甘、情不願，而且越靠近學校越「番」，腳步也變得越沉重，甚至到了門口就開始嚎啕大哭。

念幼稚園雖然不像在家裡那麼自由，但對小朋友而言，上課並非全都是不好的經驗，也會有開心的時候，例如跟同齡的小朋友一起玩，老師講故事給他們聽，或一起唱歌跳舞等。至於為什麼到了校門口大哭，可能是記憶中不好的印象被誘發出來。

我曾經遇到一個案例，有個小女生也是每天一到校門口就趴在媽媽的身上不肯放手，家長跟老師細究原因後發現，原來是老師想訓練她進校門後自己脫鞋子，但孩子的肢體能力還沒那麼好，此時若老師說話聲音大一些，例如：「妳怎麼不會自己脫？你看 ××× 都會耶！」因而嚇到孩子。

雖然早上脫鞋這件事讓她留下不好的印象，之後一整天跟小朋友玩卻都很開心。但是隔天早上到學校時，不會脫鞋的狀況又再度出現，隨著越接近校門口，孩子對於這件事不安的感覺又漸漸浮現，因此索性跟媽媽說不想去上學了。

建立孩子對上學的期待

孩子早晚都要上學，如果親子之間天天都要上演拉鋸戰，做父母的真的好累！因此，我們應該試著建立孩子對上學的期待，讓他們愛上幼稚園。

我建議每天接孩子下課後可以問他：「你今天在學校玩什麼？玩拼圖喔？好好玩，那明天還要再玩喔！」

第二天早上，叫孩子起床時可以說：「快起床喔，我們要去玩拼圖了喔！」「趕快吃早餐，吃完才有力氣玩拼圖！」「走囉，我們要去跟小朋友一起玩拼圖了喔！準備好了嗎？一、二、三——GO！」不斷建立孩子到幼稚園是一件好玩、令人期待的事，讓他覺得並不是「去上課」，而是去玩、去遊戲。

了解幼稚園的教育理念

孩子到了該上幼稚園的年紀，該怎麼選擇幼稚園，是父母們十分關心的課題。

每個園所都有自己的一套教育理念，有些教學嚴謹，有些強調自然。嚴謹的幼稚園能幫助孩子上小學時很快適應規則，而就讀校風比較活潑、開放式幼稚園的小朋友，進入小學後在建立規則時可能需要花一點時間。每個學校都有它的優缺點，該怎麼選擇，端看家長是否認同該校的教育理念。

上學一段時間後，若家長發現小朋友在學習上不適應，可以跟老師一起討論該怎麼做？例如一次給太多規則，在家裡自由慣了的小朋友，可能會適應不良，是否可以不要一次給太多規定，或者一個一個來？同時，也試著讓孩子在玩遊戲之中學會遵守規則。像是規定孩子要乖乖坐好時，可以問他：「你能不能好好坐好，只要十秒鐘就好喔？」然後老師開始數一、二、三……

當孩子真的做到時，別忘了稱讚他真的好棒，正向回饋能帶給他成就感，以後表現才會越來越好！

當然，不見得一次就會選到合乎自己心意的學校，多換幾個學校，可以讓孩子接觸不同的人。或者，我們可以選擇讓孩子適應現狀，並且融入這個小社會。畢竟將來孩子長大成人後，進入大社會時也會遇到很多無法選擇的狀況。如果在工作上一碰到不順心的事就轉換跑道，一年可能會換三百個老闆，這樣的情況，也是家長不樂見的吧。

孩子上學之後肯定會遇到磨合期，需要一段時間來適應團體生活，老師們每天都在面對孩子形形色色的問題，一定有他們的方法，做父母的無須太煩惱，而是要多付出一些耐心，引導孩子適應環境。

開學了，該怎麼幫孩子收心？

每當快接近開學時，總是會收到家長詢問：「阿鎧老師，有什麼方法可以讓孩子收心？」「孩子暑假玩瘋了，如何才能讓他快速回到學習狀態？」看來開學已變成父母的另一個戰場。

假期打亂孩子生活作息

原本上學時間規律的作息，會因為長假而改變，這時家長可能會想：「平時上學早起好辛苦，暑假就讓他多睡一會吧，那麼早起床也沒事做啊！」

的確，暑假就應該好好地休息、充電，儲備下一學期的動力。不過，休息並不是任意放縱孩子的行為，讓他們老是抱著平板電腦不放，或終日沉溺於３Ｃ產品的聲光效果中，甚至打電玩到三更半夜，等到開學的腳步越來越近，才發現作息時間「回不去了」。

此外，孩子整日把心思放在３Ｃ產品上，開學後面對平面的書本，聲光刺激不再，注意力自然無法集中。

其實，孩子無法收心的問題不是這幾年才有，以往的漫畫、電視也同樣被列為影響孩子收心的「毒物」，因此全然怪罪於３Ｃ產品並不對。如果真的要找「兇手」的話，放縱孩子玩３Ｃ產品的家長，才是讓孩子無法收心的罪魁禍首。如果父母在假期中能妥善安排孩子休息及遊戲的時間，並且好好地替他們規劃課外活動，這樣既能娛樂又達成學習效果，等到開學時要收心並不難。

從心態和行為做起

既然孩子假期的生活作息已經大亂，我們就來想想辦法幫助他們收心吧。聰明的家長可能會先 Google 一下，搜尋看看網路上有哪些方法，結果找到許多收心操、收心音樂，但家長卻又不知道該如何選擇。

尤其是站在孩子的立場想，開學已經很不開心了，還要學習沒做過的體操、聽著不熟悉的音樂，怎麼可能專心呢？或許，我們該從心態與行為上來幫助孩子快速收心！

1. 逐漸減少娛樂：

一想到快開學了，媽媽們馬上緊張兮兮地要求孩子趕快把平板電腦、桌遊、漫畫都收起來，期望孩子馬上進入專心的學習狀態。但是這樣的做法就像是強迫戒菸、戒毒的狀況一樣，孩子也會出現「戒斷」症狀。

想想看，原本依賴的東西一下子被全部沒收了，肯定會出現不知所措的情況，孩子開始出現坐立不安、情緒暴躁各種狀況，反而讓父母更手足無措！因此，建議父母應該提早跟孩子討論，在開學前逐漸減少娛樂時間，增加閱讀和學習時間，才能提升孩子的專注力。

2. 創造學習樂趣：

跟枯燥無味的學校生活相比，相信大部分的孩子更喜歡假期吧。在暑假結束前，要孩子自動自發調整回學習狀態，簡直是天方夜譚啊！因此家長應該幫助孩子找回學習的樂趣，讓他們期待回到學校上課。例如，我們可以提醒他，上學就能見到一整個假期沒見面的好朋友、學習到新的知識、接觸到夢寐以求的實驗項目等，讓孩子對於學習產生動機。

3. 建立下一次假期的願望清單：

最後一招，則是建立他對下次假期的期待感。眼看長假就要結束了，孩子一定覺得意猶未盡，我們可以問問他：「這次假期，你有什麼沒玩到的？有什麼活動是下次還想要接觸的？」接著讓孩子跟著你一起把這些事項寫在大海報上。

記得，不只要讓孩子許願，也要讓他明白要完成是有條件的。請跟他一起寫上要達成這些願望的條件，然後貼在牆上，讓孩子每天都能夠時時自我提醒！這樣做的目的是要讓孩子能夠自我要求，使得學習動機能夠持續整個學期。

事實上，收心沒有萬靈丹，需要的只是父母、師長的耐心陪伴，並且多與孩子溝通。

孩子晚上睡覺磨牙，是因為壓力太大嗎？

小芝的媽媽半夜醒來，本想翻個身繼續睡，卻聽見睡在旁邊的小芝傳來「吱——吱——吱——」的聲音，嚇得她睡意全消。仔細瞧了一下，原來是小芝正在磨牙！小芝媽媽以前曾聽說當孩子壓力過大時會磨牙，於是她開始反省自己最近是不是對小芝太過嚴格了。

小孩在半夜磨牙是正常的嗎？需不需要看醫師呢？這是我經常被家長詢問的問題。

孩子在睡覺時磨牙總是令爸媽心驚，擔心是不是出了什麼問題了。睡覺時會磨牙跟神經系統有關，有時也關係著齒列是否正常，如果小朋友久久才出現一次磨牙的狀況，應該不用太過擔心。但若磨牙的頻率及情況真的很嚴重，建議還是先帶到牙科就醫比較保險。

孩子確實有可能因為壓力過大而磨牙，就跟我們緊張時會咬手指頭一樣，醫學上尚未找出真正的原因。磨牙時嘴巴會用力地閉合，之後再放鬆，這樣的動作在感覺統合上稱為本體覺。當我們感覺緊張時，有一個放鬆的方法就是全身用力，把脖子聳起來，並且用力握緊拳頭，數一、二、三之後再放掉。當你緊張時不妨試著做做看，會發現真的有放鬆的作用。這是因為用力再快速放掉，有助於穩定神經。同樣的，藉由磨牙時嘴巴用力咬緊的動作，也能達到神經穩定效果。

當我們醒著時，可以利用意識來壓抑住一些感覺，睡著後全身放鬆，心裡最在意的事往往也會浮現出來，因此有些小朋友會出現磨牙、咬牙或拳打腳踢等狀況。

磨牙本身是一種壓力的宣洩，也可能是一種求救訊號。當你發現孩子有磨牙的情況時，千萬不要直接跟他說：「我昨晚聽到你磨牙了，發生什麼事了嗎？」這樣反而會給孩子帶來更大的壓力。

家長可以透過跟老師討論，甚至從孩子畫畫中透露出來的訊息，來判斷是否有壓力過大的情況。如果孩子磨牙的狀況超過三天，表示他的壓力真的很大，或者受什麼事件而影響心情，頭腦才會一直轉，連在睡覺時也靜不下來。

除了心理壓力的問題之外，我們更應該注意孩子睡眠品質是否因此受影響，學習也跟著變差。了解造成孩子磨牙的原因，再來想辦法找出對策，才能有效解決問題。

孩子事事爭勝，如何教他輸得起？

準備出門時，小詠提議：「爸爸，我們來玩穿襪子比賽吧！」

「好啊，那準備好了，開始！」

小詠一邊穿，一邊瞄向爸爸，發現他已經迅速穿好一隻腳，馬上不高興地跟爸爸說：「等一下，你不能穿那麼快，等我啦！」

小詠不疾不徐地穿好兩隻襪子後，才讓爸爸把另一隻腳的襪子穿上。他這種愛比賽又愛耍賴的行為，看在一旁媽媽的眼裡，只覺得兒子真可愛，心裡還偷笑著：「將來長大，誰會這麼聽話，先讓你啊！」

但是隨著孩子漸漸長大，小詠媽媽開始察覺不太對勁，因為兒子不管什麼事都要求大人要稱讚他「最好」、「最棒」、「第一名」。有一次媽媽看見小詠的同學表現不錯，隨口讚美一番：「你真的好棒！」這無心的一句話，竟然引來兒子的不悅。

「哼！他才不是最棒的，我比他還棒！」

「小詠，不能這樣說喔，你們都很棒！」

「他才不棒，我才是第一名！」

小詠對「第一名」這個頭銜異常堅持，實在讓媽媽很不解，為什麼孩子這麼輸不起呢？

很多大人在稱讚小孩時會說：「好棒喔，你是第一名耶！」事實上，家裡的孩子只有一個，因此他不只是第一名，其實也是最後一名。

當家長說孩子是第一名時，他會認為自己是世界的中心，比別人都更厲害。有些孩子從小就被灌輸自己最棒的觀念，等到進入幼兒園時才發現，原來所有的小朋友都是第一名。

競爭本來就無所不在，但孩子是否真的了解「第一名」的意義？還未上學時，因為沒有比較的對象，加上家長事事讓著他們，所以總認為自己是最棒的！當孩子進入團體之後，有了競爭的對手，也開始出現互相比較的情況，如果還抱持著自己事事都是第一名的心態，除了人際關係受影響之外，也會覺得氣餒。

「為什麼我過去在家裡這麼棒，在學校卻不是？」漸漸地，他開始不想去上學，因為不想成為輸家。

教導孩子欣賞別人的優點

若家中的孩子總是覺得自己永遠第一名，我們可以教導他「第一名」有很多種，大家都可能是第一名。孩子最喜歡用快慢來比較誰比較厲害，其實除了速度之外，還有很多可以被稱讚的。

舉一個簡單的例子，在幼兒園吃飯前，老師都會要求小朋友去洗手，這時最快洗好手的小明很興奮地跑回來說：「老師，我是第一名！」

此時老師可以說：「好，你是速度最快的第一名。」

接著，有其他小朋友慢慢回來了，老師稱讚小華：「好，你是手洗得最乾淨的第一名！」再有人回來，老師又可以說：「小玉，你是手擦最乾的第一名！」「小美，你是記得關水龍頭的第一名！」在老師眼中，每個人都是第一名，因為每個人都有自己的優勢。

此時孩子可能會開始比較：「為什麼每個人都是第一名？我才是第一名吧！」老師可以解釋：「因為每個人都有很厲害的地方啊！」藉此教導他們去讚賞別人的優點，同時還可以說：「下次你不只要速度快喔，還要把手擦乾。」這樣孩子各方面都會表現得更好。

想當第一名沒什麼不好，但我們可以善用孩子喜歡跟別人比較的心態，將它轉化為進步的動力，而不是成為攻擊他人的武器。

我們再回到一開始小詠的例子，當他說：「你看，我的襪子穿得最快！」孩子為了很快把襪子穿上，心急之下可能沒有穿好。

下次要出門前，我們可以說：「這次我們來比賽誰襪子穿得最整齊喔！」「比比看，誰是穿對腳的第一名！」

當孩子穿好襪子後，爸媽也可以反過來說：「你看，你是穿最快的第一名，那媽媽咧？」

若孩子回答：「媽媽，妳是穿整齊第一名！」當他願意把第一名這個頭銜分享出來，慢慢地，也就能接受這個世界上還有很多很強的人了。

孩子容易動怒，其實是觸覺太過敏感？

小亞是個內向、害羞的孩子，在學校時總是安安靜靜地做著自己的事，但那天早上的表現，卻讓老師跌破眼鏡！

那是一個炎熱的早晨，全班準備排隊到自然教室上課，正當大家擠來擠去、爭先恐後的時候，突然一邊傳來一陣哀號，老師跑向前一看，竟然是小亞出手打了旁邊的同學一拳，從此，他就被冠上了「暴力男」的綽號。

老師原本以為是因為天氣太熱，才導致孩子的情緒不穩定，但明查暗訪後發現，小亞平常就不太與班上同學來往，而且每次遇到要排隊、打躲避球，甚至是領作業時，同學都會和他保持遠遠的距離。更誇張的是，小亞有時會偷偷地把他前後左右同學的座位搬得離他更遠一些。

媽媽回想小亞從小到大，除了父母外，其他人要抱他時就會大哭大鬧，那時候朋友還開玩笑地恭喜她：「這個孩子不會被偷抱走！」現在才發現問題的嚴重性，於是請教我的意見。

其實小亞的狀況不能稱為「暴力」，而是典型的「觸覺過度敏感」。

我們先來了解一下什麼叫「觸覺過度敏感」，這在育兒界已經不是新名詞，但還是有很多家長感到陌生。如果你孩子總是被認為「不合群」，也不敢接觸新事物，別人輕輕碰他一下，反應特別激烈，那麼他可能也屬於觸覺過度敏感型小孩。

觸覺敏感是一種保護作用

皮膚，包覆著身體表面，是人體最大的器官，除了具有保護身體、排汗的功能外，更能夠感覺溫度與壓力，避免人體遭受危險。因此，皮膚底下的神經受器必須維持良好的敏感度，才能夠接收環境中的各種訊息，並且馬上將它們傳送至大腦。例如當我們摸到熱水杯時，會馬上把手放開，被針扎到時會立即縮手，就是觸覺發揮作用。

相較於觸覺敏感的孩子，當然也有觸覺較遲鈍、較不強烈的典型。你可能看過有些孩子奔跑跌倒後，站起來拍一拍就繼續向前走，回頭一看滿地血跡，才發現膝蓋已經破皮流血了！也有孩子坐在爸爸的摩托車後座，手裡拿著剛買的熱湯麵，回家後發現大腿已經被燙得紅紅一片。臨床上遇見的「觸覺不敏感」，常常是比較危險的情況。因此，如果皮膚的敏感度高一些，反而能夠多保護自己一些。

觸覺過度敏感影響專注力及人際關係

但是，小亞的狀況又不一樣了！我們稱為「觸覺過度敏感」，這類孩子對於輕微的觸碰都會產生過度感覺，而且會令他們不舒服，這是因為感覺訊息傳遞到大腦時，大腦將這樣的訊息過度放大，因此變成過度的刺激。就像是有人輕輕拍你的肩膀，大腦卻解釋成有人朝你肩膀揍一拳。當我們覺得自己被揍時，一定會生氣、反擊！若觸覺過度敏感到影響日常生活，則稱為「觸覺防禦」，因為這類的孩子對於觸覺會下意識地逃避，以免感受到不舒服的感覺，而大腦整天在逃避觸覺，也會造成日常生活與學習上的困擾，包括：

1. 容易分心：

大腦整天處理各種觸覺訊息都來不及，對於老師講的話就無法專心聽了！我們的大腦隨時在接受各個感官所接收的訊息，像是視覺、聽覺，當然還包括觸覺，根據「專注力容量理論」，我們能夠專心的「量」是固定的，因此大腦必須把不需要注意的訊息排除，才能讓孩子專注在課業上！但是觸覺訊息被不正常地放大，大腦不得不處理這些訊息，放棄其他感覺資訊，像是老師的聲音、課本的影像，造成孩子無法專心上課，甚至為了消除這些不舒服的觸覺訊息，孩子上課時常會動來動去。

2. 缺乏變通性：

舉例來說，想要改變孩子平時固定行走的路線是困難的，因為他可能遭受到更多不同的觸覺刺激。此外，觸覺過度敏感的孩子對於衣服的質地也很挑剔，一旦穿習慣的衣服，就會要求常常穿，甚至到了夏天還會要求穿冬天長袖的衣服，這是因為長袖衣服覆蓋整隻手臂，讓身體不容易受到其他物品觸碰，會感覺到比較舒服。但是在炎熱的夏天裡，穿得密不通風，又會因為悶熱而流汗，結果情緒變得更加焦躁不安。如果這時候有人要求他換衣服或捲袖子，可能導致情緒大爆發！這樣的狀況，常會讓老師或家長誤認為孩子不服從他們的管教。

3. 挫折忍受度偏低：

觸覺訊息的干擾讓孩子做事做不好，卻又無計可施，自然無法面對挫折。提升挫折忍受度的第一步，必須要讓他能夠面對及克服挫折來源，然而這樣的孩子除非沒有觸覺接觸，否則無法克服那些不存在的過度觸覺訊息。例如美勞課觸摸到黏土，孩子就會渾身不舒服，因此無法做出完美的作品；一旦要組裝積木，積木角角的刺痛會讓他感到憤怒，就無法平心靜氣地完成作品，自然無法面對這些迎面而來的挫折和挑戰。

4. 人際互動不佳：

人與人的互動難免會觸碰到彼此，這樣的觸覺訊息時時干擾孩子，甚至造成他為了避免接觸，在有人接近時就直接出手「攻擊」，令大人們感到困惑。

「觸覺過度敏感」而產生的人際互動不佳，主要在於「人際距離」的拿捏與一般人不同，孩子並非不懂得如何跟人互動，而是距離太近的話，會讓他們感到不舒服。這類孩子講電話的表現常常比面對面溝通時要好得多！

5. 情緒波動大：

觸覺過度敏感的孩子無法好好控制自己的情緒，常常沒來由地大哭、大鬧、大笑、大叫。由於大腦無法正確地處理感覺訊息，連帶地情緒也會受到影響，造成孩子的情緒起伏變大，只要說個簡單的笑話就會讓他大笑，一塊橡皮擦掉到地上則可能讓他大發雷霆。

觀察孩子是否「觸覺過度敏感」

觸覺過度敏感的孩子可能是因為早產、剖腹產、缺乏關愛或過度保護等因素造成的。早產的孩子因為住保溫箱，裡面的環境跟媽媽子宮差異很大，無法感受羊水的流動，因此觸覺刺激會不足。媽媽生產時產道的擠壓對寶寶而言也是一種刺激，剖腹產的小孩沒有經過這道程序，出生後觸覺會較為敏感。

孩子出生後，若缺乏關愛，跟大人接觸及擁抱的機會較少，接受到的觸覺刺激一定不夠，而被過度保護的孩子，父母為了怕他受傷，常不准他碰這個、碰那個，也容易造成觸覺過度敏感。

一般而言，可以從以下幾個地方來觀察孩子，是否屬於「觸覺過度敏感」：

1. 常要求將衣服領口的標籤剪掉

衣服領口的標籤對於「觸覺過度敏感」孩子來說是個「大刺激」，將標籤剪掉以後，會發現他的情緒跟著和緩許多！

2. 要求新衣服洗過才穿

新的衣服為了增加「賣相」會先「漿」過，但觸覺過度敏感的孩子可就無法接受這樣的感覺。

3. 洗澡水溫要控制剛好

孩子對於洗澡水溫過度要求，冷一點、熱一點都不行，而大人覺得都一樣的溫度，孩子卻挑剔再三！

4. 不喜歡洗頭、擦臉、刷牙

對於看不到的皮膚接觸動作，孩子會感覺到焦慮、不舒服，這是因為觸覺訊息無法正確告訴孩子臉上發生了什麼事！

5. 不喜歡去人多的地方

他們逃避容易被觸碰的地方，即使喜歡的偶像舉辦演唱會，對於參與的意願仍然極低！

如何改善觸覺太過敏感

不論孩子是否觸覺過於敏感，平時給予一些觸覺遊戲，可以幫助他提升觸覺整合，更能穩定情緒：

1. **黏土箱**

將孩子平時玩完乾掉的黏土剁成碎屑放在桶子中，在裡面丟入不同大小的硬幣，讓他伸手進入桶子裡尋找，摸到後說出是哪一種幣值的硬幣才能拿出來，說錯了就要把硬幣放回桶子中重新尋找。尋找的過程可以提供手指、手掌及手臂觸覺刺激，而黏土可以用沙子或綠豆代替。

2. **觸覺澡**

洗澡時準備不同觸感的毛巾、刷子，讓孩子自己選擇洗澡用具。最好的觸覺活動就是要全身脫光光，因此利用洗澡的時候，提供不同用具，可以得到更豐富的觸覺刺激。

3. 鹽沙畫

手指畫是提供指尖觸覺刺激最好的活動，如果在顏料中加上食鹽，可以提供不同的觸感，幫助大腦做更進一步的觸覺整合。

面對觸覺過度敏感的孩子，不適合針對他的特殊行為進行處理，我們應該找出他對於何種觸覺刺激過於敏感，進而減少刺激、克服刺激，才能夠真正解決孩子的困擾。

為什麼孩子無法專心？

很多父母都覺得自己的小孩不夠專心，專注力不足可說是成為現代小朋友的通病，在抱怨孩子有這方面問題時，不妨先看看是不是自己期待過高。

不管是上課或聽故事，小孩總是在發呆或彷彿神遊到其他地方。曾有媽媽跟我反應，當她在講繪本故事時，孩子總是不能好好地聽完，過程中會一直插話問問題。例如，當媽媽說到：「從前從前，有三隻小豬……」一句話都還沒唸完，孩子就會馬上說：「媽媽，三隻小豬是什麼顏色的？跟佩佩豬長得一樣嗎？」媽媽說到大野狼出現，劇情正要開始進入精采的部分，沒想到孩子又指著繪本說：「媽媽，大野狼為什麼長得那麼醜啊？」淨問一些跟繪本內容不相干的問題。

聽到這裡，我總會問媽媽：「妳不覺得孩子很專心嗎？不然他怎麼會聯想到這麼多問題？」像這樣的情況，其實不是「小孩不專心」，反而是出在媽媽身上，因為她太專心、太急著想把故事講完了！為什麼一定要把整個故事講完呢？

很多媽媽會告訴我：「阿鎧老師，我還要洗碗、洗衣服……有這麼多家事要做，當然要趕快把故事講完才能去做啊！」此時，我總是告訴媽媽們，可以試著只講一個故事的章節，例如：「從前從前有一位白雪公主，她長得好漂亮，還有七個可愛的小矮人陪著她一起在森林裡快樂的生活，你覺得白雪公主跟小矮人長得什麼樣？畫出來給媽媽看看好嗎？」把畫筆跟白紙遞給孩子，並且囑咐他好好畫之後，就可以趁機抽身去做家事了。此外，孩子無法專心完成一件事，有時也跟外界的干擾有關。當孩子在聽故事時，如果爸媽的手機簡訊一直響，訊息叮叮咚咚傳個不停，也會影響到孩子專心的程度。

仔細想想，孩子其實都有專注力，只是把焦點放在哪裡而已，爸媽會覺得小孩不夠專心，往往是因為他的專注力沒有放在大人期望的地方。

家長態度影響孩子的專心度

孩子專不專心，其實還要看他對這件事有沒有興趣，同時家長的態度也是十分重要的。現代父母很喜歡讓孩子從小學習一堆才藝，但孩子的年紀還小，各方面發育還未完全，有些課程對他而言是有難度的。例如讓三、四歲的孩子用正規的方式拿筆畫畫或寫毛筆字，對手部肌力及關節穩定度還不夠成熟的小孩來說，真的不適合。家長逼迫孩子去做自己能力不足的事，並且一再要求他們專心做完，或一直在旁邊嘮叨、碎唸個不停，很可能造成反效果。

如何讓孩子更專心

關於專注力，大部分的家長最擔心的就是孩子上課時不專心，因此我們可以從以下兩方面著手。

1. 增加上課期待感：

要求孩子上課時專心，無非是希望他能多學習、多吸收一些。如果是小學生的話，我會建議爸媽要陪著他事先預習。這樣的做法並不是把課文從頭到尾讀一遍即可，而是要幫忙理解課本中的內容，並且配合裝笨：「這是什麼意思啊？我都不知道耶，你明天可以幫我問一下老師嗎？」讓孩子到課堂上去找答案，並且回覆，可以提升他對上課的期待感。

2. 賦予孩子任務：

當老師反應孩子上課發呆時，爸媽會一直碎唸：「你上課要專心啊！」但家長說得再多，孩子還是依然故我。家長們與其不斷地「告訴」孩子要專心，不如直接教會他「怎麼做」。此時我會建議家長，請孩子每天回家報告老師今天穿了什麼衣服。第二週，再將題目改成：「老師今天穿了什麼襪子？」如果孩子照著做，表示第一步已經成功了。下一步，我會讓孩子去注意：「老師今天講的第一句話是什麼？」之後再加上：「最後一句話是什麼？」因為要等老師講到最後一句話，前面的內容也會專注聽進去。漸漸地，他會感受到上課的內容好像有點趣味，也會開始跟老師互動。

孩子記不住，是專注力不夠嗎？

「妹妹啊，趕快去洗手喔！記得要用肥皂搓一搓，再用水把泡沫沖乾淨，手要完全洗乾淨，擦乾後才能吃點心喔……」

姿妤的媽媽帶她回家後，馬上囑咐她要把雙手洗乾淨。一分鐘過後，姿妤從浴室出來，媽媽看了一眼她的手還在滴水，馬上問：「妳怎麼沒把手擦乾呢？」接著又聞一聞她的小手，果然，根本就沒用肥皂嘛！

「為什麼我叫妳做的事，妳都做不好呢？洗手有很難嗎？沒有用肥皂洗手，細菌根本沖不掉呀……」媽媽像連珠炮一樣不停地唸著，但姿妤根本沒聽進去，臉上還露出了不以為意的表情。

看到姿妤的表現，媽媽忍不住心想：「為什麼她沒辦法把一件事做好？到底是自己教的方法錯了，還是孩子的專注力有問題？」

像姿好這樣的狀況，不能全部歸咎於專注力，跟家長教養方式確實也有很大的關係。現代的小孩都被照顧得太好了，爸媽呵護過了頭，反而容易養成孩子的惰性。

從姿好的例子來看，媽媽一連下達了「去洗手、用肥皂搓手、沖泡沫、用水沖乾淨、擦乾手、吃點心」等多個指令，這麼長的一句話，除了能不能記住的問題之外，孩子的大腦也會解讀成：「我幹嘛記呀，反正媽媽還會再告訴我！」

想改善孩子的問題，最重要的是讓他養成動腦的習慣。例如，當你說：「去洗手時」還可以接著問：「洗手應該先做什麼？」

當孩子收到這個指令之後，大腦會開始運作，去想：「第一步應該是先開水龍頭吧！」

當孩子答對後，可以再問：「打開水龍頭後，下一步呢？」讓孩子一步步地操作加上動腦，慢慢地引導他，才能養成獨立思考的習慣。

孩子會自己選擇指令

有時候大人一口氣給予孩子好幾個指令，例如早晨起床，媽媽說：「先去尿尿，尿完洗手後再刷牙，然後過來吃早餐……」當媽媽已經把早餐準備好了，孩子可能只上了廁所，其他事都沒做。會出現這樣的狀況，跟孩子自己選擇指令有關，剛起床時因為有點尿急，所以記得去尿尿，但洗手、刷牙這些事對他而言無關緊要，很可能就忽略不去做。

小孩的大腦還未發育完全，若媽媽一口氣要求他做好多件事，可能會不知道如何接招，結果反而什麼都做不好。

媽媽們常覺得很奇怪，為什麼上次明明能記住或做到的事，這次卻不行了。其實，孩子能不能把一件事做好，有沒有「動機」才是最關鍵的因素。例如，上次在媽媽的鼓勵下，孩子記得吃飯前要洗手，但這次卻忘了。當孩子達不到家長的要求時，爸媽可能會責備：「你上次明明都會，這次怎麼忘了！」用過去孩子在有動機之下完成的事，來指責他現在的失敗，會讓他覺得緊張，甚至不知如何跟爸媽相處，以後很可能演變成對指令反抗。

當孩子沒有完成一件事時，家長應該去引導他做好，而不是用下指令的方式。例如，孩子放學回來後書包亂扔，媽媽可以說：「這個書包怎麼壓在這啊？它本來應該是在哪裡的呢？」而不是用命令的語氣說：「你馬上去把書包給我放好！」

如何訓練孩子完成多個指令

大家應該都曾遇過這樣的情況，當我們跟孩子說：「你趕快把書包放好，去洗手，寫完功課後就可以吃布丁了喔！」本來想用利誘的方式提升他的行為動機，沒想到到頭來孩子只記得「吃布丁」這件事，其他全忘了！

爸媽很習慣在說了一長串話後，再加一句：「聽懂了嗎？」孩子的回答一定都說：「懂！」但卻都沒做到。建議爸媽們可以把要求孩子做的事先清楚說明，然後請他複誦一次，接著再問他：「那你要怎麼做呢！」這樣指令才能有效進入他的大腦裡。例如，剛剛我們要孩子趕快把書包放好，去洗手，寫完功課後就可以吃布丁。講完後，可以問他：「剛剛媽媽要你做什麼？」當孩子回答：「放書包、洗手、寫功課、吃布丁。」可以再追問：「那書包要放哪裡？洗手在哪洗……」多問孩子一些細節，讓他思考怎麼做最好，最後才放手讓他去做。

PART 3

如何有效稱讚孩子？

多年前，有個國小邀請我去幫小朋友上專注力課程，當時我要求來受訓的五、六個小朋友，背上放著瑜伽磚，然後學小狗爬，藉此訓練他們的穩定度。雖然這個訓練並不需要競速，但孩子年紀還小，難免會互相競爭誰爬得比較快。當他們在教室爬完一輪後，速度最慢的小朋友竟然生氣了，不過他表達情緒的方式不是憤怒，而是嚴肅地跟我說：「老師，因為我很聰明，所以這個遊戲不適合我，只適合他們這些笨蛋！」我聽了之後十分訝異，猜想這個孩子是因為輸了不甘心，所以才找藉口給自己臺階下。

下課後，我跟導師聊了一下這個孩子的情況，她說：「阿鎧老師，你等會跟他媽媽談過就知道了！」沒想到，當這位媽媽聽完我的話後竟然說：「老師，我覺得這個遊戲真的滿笨的，我的孩子那麼聰明，你要不要換一下別的遊戲呢？」

聽完之後，我終於理解這個孩子為何會有如此反應。之後，我又陸續聽說只要考試成績不理想，這名孩子一定會提出意見：「老師，這些題目不適合我，只適合那些笨蛋，你應該要重出題目！」雖然導師也曾多次跟家長反映問題，但得到的答案都是：「這些題目真的不好，你要不要換個題目試試看！」由於父母本身的問題，導致孩子觀念偏差，我雖然為此感到憂心，但如果家長沒有意識到錯誤，其實也很難導正。

如果父母只是一味稱讚孩子多聰明、多棒，卻沒有讓他們了解事實，這樣的做法是不夠的。根據臨床統計，家長們常有下列幾種錯誤的稱讚方式：

自我感覺良好型：這類的稱讚常來自於孩子的外在，例如「妳好漂亮」、「你好帥」、「你好聰明」等。簡單地說，這類的稱讚並不是稱讚孩子，而是稱讚孩子的父母，因為這些稱讚內容其實都是告訴父母「你生的真好！」但對孩子而言，這些都是「天賦」，所以會讓他們認為自己與生俱來就很厲害，結果造成「眼高手低」，或者不想面對困難帶來的挑戰，以免破壞自己的存在價值。

成就終止型：這類稱讚常把孩子捧上了天，例如「你是第一名」、「只有你會，我們都不會」等。

現代社會少子化，所以孩子是家中第一名，其實也是「最後一名」，但是他們往往卻因為聽到「第一名」這個字眼而認為自己已經是頂尖，再也沒有人比得上他，或者覺得沒有什麼更好的榮譽需要爭取，也沒什麼事需要努力精進！

手足相殘型：有些父母會在孩子面前營造出一個學習上的「假想敵」，作為努力的目標。父母對於孩子身邊可以比較的對象，通常是從其他孩子開始，因此想要砥礪孩子時會說：「你要多學學你哥！」孩子表現好時會說：「你比你姊姊成績好！」父母稱讚或鼓勵的美意雖然好，但是孩子們卻開始跟手足之間產生了負面競爭，缺乏互相欣賞，到頭來孩子的表現或許進步了，但是父母卻得為如何重新建立手足之情傷透腦筋。

虛有其表型：當父母找不到該如何稱讚孩子的理由時，就會使用一些看似稱讚卻無實質意涵的用詞，例如「你好乖！」「你好棒！」「你好酷！」聽到這些用語也許會讓孩子高興一陣子，但是漸漸地「無感」！甚至孩子會對這樣的讚美感到反感、無聊，讓父母覺得「熱臉貼冷屁股」。

用「W＋B稱讚法」讚美孩子

正確的稱讚，能讓孩子得到成就感，也能提升面對挫折的能力，不過並非胡亂讚美一通，而是要師出有名。稱讚之時，請記得對事實的敘述，也就是把孩子實際的作為帶進來，讓他們明白自己做得很棒的部分是什麼，對於孩子人格的培養才有所助益。想要讚賞孩子的優秀表現，又不想錯誤引導孩子，不妨試試「W＋B稱讚法」。

W指的是前面所列的錯誤稱讚方法（wrong），畢竟這些錯誤的稱讚方法已經是父母們慣用的方式，若一夕之間要更改，勢必會讓父母想要稱讚孩子的時候會愣上幾秒鐘，腦海裡不斷思考著「到底該稱讚什麼」。這樣的結果反而讓稱讚變成了「作文」，一點也不真誠。所以家長們請不要害怕，只要當你誇讚孩子很聰明後再加上B用法就可以了！

B（behavior）指的是行為描述法，也就是敘述你所觀察到孩子的表現，例如孩子將課本放回書架，你脫口而出：「你好聰明喔！」（W），然後馬上接「你有把書整齊放回書架」（B），這會讓孩子知道他的聰明才智來自於能把書放好，因此會持續這樣的好行為，也嘗試用其他行為來讓自己「變得更聰明」！

假設孩子拿出了一張一百分考卷，你脫口而出「你好棒喔！」（W）後面接「你一定很努力用功！」（B），孩子才會知道他的「棒」來自於努力用功，所以想要獲得稱讚就需要繼續努力。這樣的稱讚方法，不會造成父母們額外的負擔，更能幫助父母觀察孩子的優秀表現，最重要的是，孩子將在正確的稱讚引導下，建立正確的人生觀，並有助於學習以及人際關係的正常發展。

結語

職能治療，以愛為伴

九〇年代，我剛進入職能治療這個領域時，家長的心態大多是希望能找出孩子的問題，但又害怕旁人投來異樣的眼光。大約過了五年左右，政府的社會福利政策越來越好，有些家長反而希望孩子被診斷為特殊兒童，能獲得更多的福利，包括稅務上的減免或申請身心障礙車位。

我還曾遇到家長一來就表明小孩是過動兒，要求開立證明，有些案例則是先前已經被醫學中心拒絕，因此希望先拿到診所的診斷，再回過頭去跟醫學中心要證明。家長帶孩子來的目的不是要「治療」，是要「診斷」，很多人拿了證明之後就沒再出現過。有了診斷證明之後，家長還會對學校老師有所要求，希望他們多照顧自己的小孩，甚至擁有特殊待遇，各種狀況不勝枚舉。

職能治療不是上課

職能治療是什麼？很多家長其實沒有正確的概念，總以為只要帶小孩來「上課」就行了。在許多人的想像中，治療就像帶孩子去上補習班或才藝班那樣，在教室裡動一動、玩一玩，情況就會改善。此外，有些家長怕被貼標籤，認為告訴別人帶小孩來上課或來遊戲，比說來治療的好。因此，大家都會說來上課、來遊戲或來玩，慢慢地，家長們也被洗腦了，認為孩子就是來玩、來上課的，少上幾次課有什麼關係呢？

我也曾遇到家長說：「老師，來這裡就是玩遊戲啊，我們在家裡玩就好，為何要大老遠跑來？」

也許你會覺得奇怪，為什麼要這麼在意是來治療，還是來上課的呢？其實，名稱不只影響家長的態度，也關係著治療的成效。我先舉一個個案來說明吧！

小雨是個過動的孩子，當初他的媽媽先在網路上跟我聊過之後，才開始帶孩子來治療。一開始，他們還滿認真的，但漸漸地就開始出現經常請假的狀況，雨勢太大時不想出門，家裡有事時無法過來，小朋友感冒時也不能來……各種情況層出不窮。

這天，原本該來治療的小雨又因為傾盆大雨而請假，於是我撥了通電話到他家，小雨媽媽聽到我的聲音很興奮地說：「老師，你怎麼有空打電話來！我們在你們那邊上課，得到很多幫助，小雨也很喜歡去玩……」

我單刀直入地說：「小雨最近常常請假，這樣不太好喔！」

小雨媽媽的答案令人出乎意料，她說：「沒有關係啦！你們那邊請假了，可是我們晚上還要去另外一家診所，每天晚上，那家診所都有安排不同的治療喔……」

電話這頭的我，當下愣住了。

掛上電話後，心裡真是百感交集。回想十多年前，我開始管理診所的時候，即使是下雨天、颱風天，家長還是很努力地把小孩帶來，我們會準備吹風機跟毛巾，甚至小小孩的尿布，以備不時之需。看著家長們不畏風雨，帶著小朋友來做治療，總是讓我很感動。

這幾年來，或許是治療院所增加了，也可能是爸媽對治療的觀念改變，每當治療時間一到，他們把小孩送到治療室，人就不見了！等到治療結束，才看到媽媽提著大包小包走進來，跟治療師聊沒幾句就匆匆地把孩子帶走了。

很多家長看到治療師，會跟孩子說：「來，去找老師上課！」好像把診療室當成補習班，對孩子上課的內容漠不關心。但是，一旦孩子出現問題，又回頭責怪治療師沒有把孩子教好。

所以，我常常提醒家長們這是一種治療，不應該隨意地請假，就像生病了要定期回診看醫生一樣，你會輕易請假嗎？此外，感冒時如果同時看兩家醫院，同時把藥都吃了或挑著吃，一定會出問題吧？

家長們經常有個迷思，認為在這家診所跟那家都差不多。我也會和家長說，每家診所的治療方向都不同，必須要全面配合，孩子才能進步得快。

隔天，小雨媽媽主動打電話來，跟我說：「老師，我老實告訴你好了，我們很久沒去你們那邊，其實是因為老師上課的方式。你們老是讓孩子在大教室裡面跑來跑去，其他診所會讓他在教室靜下來練習。孩子已經過動了，越跑不是越糟糕嗎？我覺得既然要訓練孩子的專注力，就需要讓他靜下來，一直跑一直跑，怎麼能學會專注呢？」

我跟媽媽解釋：「每個治療師出發點都是不同的。其實孩子在運動的過程中，可以幫助他培養肢體協調穩定性，消耗更多的能量，才能讓大腦做好全身的整合協調。當然，靜態活動的確可以訓練孩子的專注，但如果孩子活動得還不夠、還想動，就像我們吃完飯還沒吃飽，這時候餓著肚子怎麼可能把事情做好呢？請您想一想，孩子在另一家診所的表現狀況，跟之前來我們這邊是不是有什麼不同？」

媽媽想了想說：「的確，之前在你們那邊上課，我發現小雨滿乖的，要他做什麼事情，都會立刻乖乖配合。我現在叫他，他都會發脾氣，甚至跟我說等一下。我以為是因為這個月一直在下雨，所以他才心煩氣躁。原來是這樣子啊！老師，是我誤會了！」

我繼續跟媽媽解釋治療的觀念：「治療不像是上課，來就有獲得。治療是一種延續，請假一個禮拜，就等於是隔了兩個禮拜沒有治療，是會退步的。所以，如果長時間不來，每次來時就是從零開始，對孩子幫助不大，也浪費了彼此的時間。如果每次都來、每次都有進步，孩子很快就可以『畢業』了。」

媽媽聽了後說：「謝謝老師，我們明天就會過去。」

過了一個禮拜，我刻意在小雨上課的時間，觀察他的狀況，小雨很高興地向我跑了過來：「老師，好久不見！」臉上露出了燦爛的笑容。

我知道小雨其實是很希望來這邊上課的，我也和一旁的小雨媽媽說：

「媽媽，你辛苦了！加油喔！有任何問題隨時跟我們反應，即使不能過來，也給我們一些訊息，治療師會告訴您在家裡可以做什麼。我相信有您一起幫忙，小雨會進步很快的！」

小雨的媽媽眼眶泛著淚光，點了點頭。

我能理解，她要陪伴一個發展或動作不如同儕的孩子，必須面臨多少壓力，或許孩子這麼久沒來，某種程度上也是媽媽內心的一種逃避。

在陪伴孩子的過程中，家長常常會忘了自己也是需要被照顧的，把很多的辛苦、委屈都往肚子裡吞；有時候甚至因為旁人的言語、生活中的瑣事，失去了等待孩子成長的耐心。

我也告訴所有的治療師，家長們不辭辛苦地帶孩子來做治療就是希望孩子有所進步，萬一孩子浪費了時間和體力，其實是會感到沮喪的，因此也要對他們有所獎勵。如果我們能給予家長多一點關懷與支持，或許就能讓狀況有所不同。

國家圖書館出版品預行編目資料

請問阿鎧老師 / 張旭鎧著. -- 初版. -- 臺北市：平安文化, 2017.11
面；公分. --（平安叢書；第576種)(親愛關係；21)
ISBN 978-986-95625-1-5（平裝）

1.親職教育 2.職能治療

528.2 106018508

平安叢書第576種
親愛關係 21

請問阿鎧老師

作　　者—張旭鎧
發 行 人—平雲
出版發行—平安文化有限公司
台北市敦化北路120巷50號
電話◎02-27168888
郵撥帳號◎18420815號
皇冠出版社(香港)有限公司
香港上環文咸東街50號寶恒商業中心
23樓2301-3室
電話◎2529-1778　傳真◎2527-0904
總 編 輯—龔橞甄
責任編輯—楊惟婷
美術設計—王瓊瑤
著作完成日期—2017年
初版一刷日期—2017年11月

法律顧問—王惠光律師
有著作權・翻印必究
如有破損或裝訂錯誤，請寄回本社更換
讀者服務傳真專線◎02-27150507
電腦編號◎525021
ISBN◎978-986-95625-1-5
Printed in Taiwan
本書定價◎新台幣320元/港幣107元

• 皇冠讀樂網：www.crown.com.tw
• 皇冠Facebook：www.facebook.com/crownbook
• 皇冠Instagram：www.instagram.com/crownbook1954
• 小王子的編輯夢：crownbook.pixnet.net/blog